땀의 소중함을 일깨우는 교육이야기

미운놈 떡 하나 더 주고

김병삼

　김병삼 선생은 1969년 전남 진도에서 태어나, 1994년 인천 교육 대학교를 졸업한 뒤 경기도에서 아이들을 가르치며 학부모와, 교사의 열린 대화를 이끌어 가기 위해 94년부터 '교육 통신'이라는 이름으로 편지글을 나누고 있으며 그 동안 학급문집 <들꽃-그 살아있는 이야기>와 학급문집 <늘 처음처럼>을 펴내며 아이들과 함께 살아있는 교육을 실천하고 있습니다.
　현재 김포 감정 초등학교에서 교편을 잡고 있습니다.

미운놈 떡 하나 더 주고

지은이 : 김병삼
펴낸이 : 김용항　펴낸곳 : 도서출판 온누리
초판인쇄 : 2001년 2월 10일
초판발행 : 2001년 2월 17일
등　 록 : 1982년 12월 6일　등록번호 : 제아20호
서울사무소 : 마포구 합정동 364-24
전화 : 324-4790 / 팩시 : 333-6287

ISBN 89-8367-033-9-03370

※잘못된 책은 구입하신 서점에서 교환해 드립니다.

머리말

　선생이라는 이름으로 교단에 선지 7년이 다 되어간다. 7년이라는 기간은 경력이 많은 선배 선생님의 눈으로는 짧은 것이요, 병아리 교사의 눈에는 길게 느껴질게다. 그런데 나는 7년이라는 세월이 흘렀는데도 이 일이 조심스럽기만 하다. 사람을 대한다는 것은 참 어렵고 중요한 일이다. 바로 그런 생각이 이 일을 조심스럽게 만든다.
　어떤 일에서 5년 이상이 되었다하면 승패가 가려지게 된다. 5년 이상이 되면 자신감이 붙는 사람이 있고 그저 그렇고 그렇겠거니 하는 매너리즘에 빠지기도 한다. 나는 어떤가? 나만의 향기가 있고 처음과 같이 열정적이고 살아있는 교육을 하고 싶다.
　이 책은 발령초기인 1994년부터 최근 2000년 9월까지 교육통신이라는 이름으로 학부모와 선생님과 함께 나누었던 편지글을 중심으로 쓰여졌다. 혼자만의 독단적인 생각과 고집만으로 아이들을 바라보고 싶지 않아 서로의 생각을 주고 받아왔다. 그렇게 '교육통신'이라는 이름으로 편지가 이어지던 2년 후부터 그냥 한 번 읽기에는 내용이 아깝다며 책으로 엮어보자는 이야기가 나왔지만 내가 싫었다. 그저 학교에서 사회에서 일어나는 일들을 교육의 관점에서 풀어나간 이야기이고 삶의 이야기를 아이들과 학부모 그리고 선생님들과 풀어나가고 싶었을 뿐이지 남기고 싶은 생각은 없었다. 그리고 내 글이 사람들에게 들어 난다는 게 미안하였다. 더 열심히 하시는 분들이 많은데……

하지만 시간이 흐를수록 내 자신은 매너리즘에 빠져가고 있었다. 점점 글 쓰는 것이 힘들어지고 더구나 순수의 이름보다는 기술과 타성에 젖은 시각이 많아졌다. 그래서 이젠 나 자신이 원했다. 옛날의 순수한 마음을 간직하고 다시 읽어보며 아이들과 세상을 바라보면서 새롭게 시작하고 싶다는 의미이다. 연륜이라는 것은 기술적으로는 다듬어지지만 인간적이고 순수라는 이름에서는 멀어지는가보다. 점차 기술적인 면은 세련되어 가는데 사물이나 아이들을 바라보는 관점은 타성에 젖는다. 그래서 처음 품었던 그 순수했던 이미지를 간직하고 어린아이의 속살 같은 이야기들을 같이 나누고 싶다. 그리고 다시 시작하자는 것이다. 늘 처음처럼 순수한 마음으로……

첫 이야기는 순수의 잣대로 교육을 다시 바라보고 그 지침을 세워보았다.

교육을 할 때 우리가 생각하고 넘어가야 할 것들, 교육이라는 이름으로 치명적인 오류를 범하고 있는 것들을 다시 한번 새겨보았다.

두 번째 이야기는 생활 속에서 겪게되는 이야기를 교육이라는 이름을 지어주었다. 점점 세상은 편해지고 있는데 인간의 '정'과 인간다움은 사라지고 있어서 안타깝다. 그래서 인간다움을 정을 기르자는 것이다.

세 번째 이야기는 나를 비롯한 우리 모두의 인생이야기다. 인생을 살아가는 관점과 아이들을 키우기 위한 가치관에 대해 생각해보자는 의미로 이야기를 풀어보았다.

나는 요즘 들어 '늘 처음처럼' 이라는 말을 자주 쓴다.

아이들에게도 그렇고 나 자신에게도 그런 말을 자주 쓴다. 일을 한참 하다보면 처음 생각을 잊어버리고 엉뚱하게 기교만 부리고 욕심을 내고 있는 나를 발견한다. 그럴 때면 늘 외친다. '늘 처음처럼'. 사람이 변하는 것도 좋지만 처음의 순수함과 호기심은 버리지 말아야 한다. 순수하다는 것은 사심이 없다는 얘기며 성실하게 생을 살아가려는 자세다. 처음처럼은 자기 자신에게 부끄럽지 않은 삶을 살아가려는 의지이다.

학교현장의 이야기들을 담은 대부분의 교육서들이 학교를 어둡고 가능성이 부족한 곳으로 묘사하고 있다. 하지만 나는 그렇게 생각하지 않는다. 그래도 학교는 살아있고 희망이 있다. 그리고 교실은 정이 넘쳐야 한다.

힘들고 바쁘게 출간한 책이지만 늘 처음처럼 살고 싶은 모든 사람에게 도움이 되었으면 한다.

그동안 나를 응원해주고 지켜봐 주신 나의 응원자인 학부모님 그리고 사랑스런 제자들 그리고 동료 선생님들 끝으로 이 책이 나오기까지 도움을 주신 출판사 김용항사장님과 박상화선생님께 감사드립니다.

2001년 1월

아이들지기 김병삼

차 례

땀의 소중함을 일깨우는 교육

◆ 교육의 출발점은 약속 / 11
◆ 주객 전도 / 15
◆ 저마다의 아름다움이 있지요 / 24
◆ 엄마 아빠와는 세대 차 나서 대화가 안 통해요 / 29
◆ 결과보다 과정을…… / 33
◆ 땀의 소중함을 일깨우는 교육 / 39
◆ 있는 그대로의 인간교육 / 44
◆ 원리를 중시하는 교육 / 49
◆ 공부는 왜 해야 하는가? / 59
◆ 미운 놈 떡 하나 더 주고 / 68
◆ 지식교육은 죽었다. 그러나 지식은 살아있다 / 75

아빠 휘파람을 부세요

◆ 머리를 염색하며 / 85

◆ 속살 그 부드러움 / 93
◆ 아빠, 휘파람을 부세 / 98.
◆ 별 만들기 / 107
◆ 노래방이 주는 교훈 / 114
◆ 시간에 쫓기는 아이들 / 120
◆ 선생님 만원주고 샀어요 / 126
◆ 생각하면 가슴아픈 일들 / 134
◆ 난 왕자 넌 공주 / 140

인생의 강타자

◆ 그대 변화를 두려워하는가? / 149
◆ 산은 산이요 물은 물이로다. / 155
◆ 인생의 강타자 / 162
◆ 강한 어머니가 아름다운 것은 / 172
◆ Cyber세대 부모 되기 / 181
◆ Y세대 들어보셨습니까? / 189
◆ 내가 니꺼야 난 어디든 갈 수 있어 / 198
◆ 내가 가는 이길- 늘 처음처럼 / 204

땀의 소중함을 일깨우는 교육

◆ 교육의 출발점은 약속
◆ 주객 전도
◆ 저마다의 아름다움이 있지요
◆ 결과보다 과정을……
◆ 땀의 소중함을 일깨우는 교육
◆ 있는 그대로의 인간교육
◆ 공부는 왜 해야 하는가?
◆ 미운 놈 떡 하나 더 주고
◆ 지식교육은 죽었다. 그러나 지식은 살아있다.

교육의 출발점은 약속

　오후가 된 교정에는 가을 햇살에 물든 나뭇잎이 바람에 살랑거리고 하늘은 코발트빛으로 물들여지고 있습니다. 이제 나뭇잎들도 하나씩 마지막 제 빛깔을 준비하고 있겠지요. 아침에 피어오르는 햇살은 순수하고 맑은 아이들의 눈빛과도 같은데 오후가 된 가을의 빛깔은 왠지 성숙한 느낌으로 다가옵니다. 새로움과 열정을 주는 빛이라기 보다는 무언가 깊이와 무게를 지닌 빛이라 생각됩니다.
　가을의 깊이에 다시 새로운 일을 시작해야겠다는 생각보다는 무언가 정리해야겠고 거둬들여야겠다는 마음이 더 드는 계절입니다.
　오랜 기다림 끝에 병아리 교사로서 첫발을 딛었습니다.
　선생으로서 완벽하고 성숙된 느낌보다는 아침 햇살과 같은 참신함과 변화를 추구하는 모습을 보여줄 수 있는 교단이길 바라고 있습니다.
　새 학년이 되어 교과서를 처음 펼치는 신선한 마음으로 세수를 끝낸 후 아침 바람을 쐬는 상쾌함으로 아이들을 맞이하고 항상 젊은이의 열정을 지니며 한결 같이 이 길을 걸어가고자 합니다.
　정말로 바라는 것은 아이들을 이해하는 또 이해하려고 하는 열정이 언제까지나 변치 않았으면 하는 것입니다. 또한 아이들의 '지기'로서 아이들이 자신의 정체성을 올바르게 갖도록 하고 배우는 사람으로서 그들로부터 신선하고 순수함을 배우며 같이 호흡하는 것입니다. 언제까지나 이 마음 변치 않길 기도합니다.

그 첫 이야기는 '교육의 출발점은 약속'입니다.

우리가 자녀 교육에서 가장 중요시 여겨야 할 항목은 '약속'을 지키는 것이라고 생각합니다. 약속을 지키는 것은 모든 교육의 출발점이라 보고 있습니다. 다른 사람과의 관계에서도 마찬가지겠지만 아이들과 학교 생활에서 가장 중요한 것은 신뢰라고 봅니다. 아이들과 선생님과의 교감(交感)이 형성되어 있지 않으면 그 교육은 죽은 거나 다름없다고 봅니다. 선생님을 신뢰하지 않고 있는데 어떤 교훈적인 이야기가 아이의 마음속에 받아들여지며 교사의 어떤 행동이 아이들의 모범이 되겠습니까? 가정에서도 마찬가지라고 봅니다. 다음과 같은 옛날 이야기가 있습니다.

공자의 제자 중의 한 사람인 증자의 아내가 어느 날 시장에 가려는데 아이가 뒤쫓아 나왔다. 증자의 아내는 아이를 돌려보낼 생각으로
"자 빨리 집에 가 있거라. 장에 갔다 오면 돼지를 잡아서 맛있는 돼지고기 요리를 해주겠다"
고 달래고 나갔다. 이 부인이 시장에서 돌아오니 증자가 돼지를 잡으려고 하고 있어 깜짝 놀라며
"난 그저 농담으로 한 이야기예요."
하고 말했다. 그러자 증자는
"아이들에게 그런 거짓말을 하면 그 아이들이 거짓말하는 법을 배우

게 될 것 아니오? 또 거짓말인 줄 알면 에미인 당신도 믿지 않으려 할 것이오."
하고는 아이와 약속한 대로 돼지를 잡아 먹였다.

그 당시에 증자도 어려운 때였을 텐데 아이들 교육(약속)을 위해서 기르던 돼지를 잡았다는 이야기는 우리 가르치는 입장에 있는 사람에게 중요한 의미를 시사 해준다고 봅니다.
우리는 아이들에게 참 많은 약속을 합니다. 그러면서 지켜지는 약속은 얼마나 될까요? '울지 않으면 장난감을 사준다.'는 약속, 텔레비전 광고에 나오는 물건들을 사 달라치면 설명하기 귀찮아서 "그래 그래" 하고 무의식중에 약속을 하게 되는 경우, 시험 점수가 올라가면 컴퓨터나 카세트를 사준다는 약속 등 우리는 별 생각 없이 한 약속들이 참 많습니다. 그런데 아이들은 어른들의 별생각 없이 한 약속이 중요한 문제로 작용한다는 것입니다. 그래서 그 약속을 지키기 위해 또 그 보상을 받기 위해 평소 행동 이상으로 노력을 합니다. 하지만 이런 약속들은 대부분 무시되기 마련이지요. 왜냐하면 처음부터 어른들에게는 별 의미가 없는 약속이었으니까요. 그러나 아이들에게는 문제가 다르게 작용합니다. 왜냐하면 학교에서도 '약속은 지켜야 한다.' 라고 배웠고 자신에게도 중요한 약속이었으니까요. 그렇게 별 생각 없이 약속하고 그 약속을 지키지 않는 과정이 되풀이됨으로써 아이들과 불신의 벽은 커지고 아이들은 부모님을 믿지 못하기 때문에 대화가 단절되게 됩니다. 그러면 여러 어머님들은 '우리 아이는 통 자기 이야기를 털어놓지 않아요? 하루 종일 문만 닫고 있고 저와 이야기를 하지 않으려고 해요. 사춘기라서 그러는 건지 원!'

하고 하소연을 하게 됩니다. 과연 사춘기라서 이야기를 하지 않는 것일까요. 사춘기라서 대화를 안 하는 것이 아니라 부모님과의 신뢰와 교감이 형성되지 않았기 때문입니다. 서로간에 신뢰가 형성되고 교감이 이루어 진 상태라면 오히려 어머니와의 대화를 반기게 되리라 봅니다. 사춘기 때는 누군가 붙잡고 물어보고 싶은 일이 한 두 가지가 아닐 겁니다. '어머니나 아버지는 이미 사춘기를 경험한 선배님인데…….'

아이들과의 대화가 단절되었다면 가정 생활에서 아이의 목소리를 무시하지 않았나 아이에게 필요 없는 약속으로 신뢰감을 잃지 않았나 생각해 보십시오. 그리고 자연스런 기회를 마련하여 다시 한 번 아이에게 접근 해 보십시오. 진심을 담아서 대화를 해 보면 아이들과 벽도 허물어질 것이며 교감도 다시 형성되리라 봅니다.

아이들과의 약속을 꼭 지켜주셨으면 합니다. 그것은 아이들과 학부모님을 연결짓는 첫 번째 고리라고 생각됩니다. 지켜지지 못할 약속이라면 처음부터 안 된다고 분명히 말해 주십시오. 약속은 책임이라고 생각합니다. 약속을 지키지 않는 것은 책임을 지지 않는 것과 같다고 봅니다. 자신이 한 말에 대해서 책임을 지는 아이들을 길러야겠습니다. 그러기 위해서는 부모님이 책임 있는 모습을 보여주어야겠지요.

저는 항상 아이들에게 말합니다.

"너희에게 자유가 주어지는 만큼 책임을 다해라! 그 책임은 너희를 누르는 짐이 아니라 너희들에게 더 많은 자유를 주는 도구이며 선물이다."

주객전도

 아이들이 뛰어 노는 교정에는 목련이 피는가 싶더니 어느새 라일락이 한창입니다. 모두가 겨울의 진통을 이겨낸 산물들이겠지요. 자연에는 우리가 느끼지 못하는 섭리가 있나봅니다. 개나리나 진달래는 봄을 알리는 전령사이고 라일락은 봄의 향기와 기쁨을, 목련은 봄의 아름다움과 슬픔을 알려주니 말입니다. 봄에 피는 꽃들도 자기 나름의 주인된 역할이 있지요. 그런데 그 꽃들이 제 역할을 하는 것은 자연의 보상 때문이 아니라 자신의 삶의 과정대로 무엇인가를 추구하다보니 그런 모습을 지닌 것이겠지요. 즉, 꽃을 피우기 위해서만 개나리나 진달래 목련. 라일락이 존재하는 것이 아니라 자기 나름대로의 원래의 삶이 있는 것입니다. 그런데 사람들은 개나리나 라일락의 존재를 꽃이 필 때만 인식하고 주된 역할은 꽃을 피우는 것인 양 잘못 생각하는 사람들이 많습니다.
 자연의 한 가족인 사람들도 제 각각의 주인 된 역할이 있습니다. 사람들이 역할을 제대로 못할 때 교육은 그 주인들을 주인답게 키우도록 해야합니다.

그런데 요즘 교육이라는 이름 하에 행해지고 있는 일들이 제대로 시행되고 원래의 취지를 살려 운영되고 있는지 궁금할 때가 많습니다. 또한 그 교육이란 이름으로 아이들의 주인 된 역할을 빼앗고 있지는 않은지 생각을 해 보아야겠습니다.
　얼마 전의 일 입니다.
　집 근처에 누나가 살고 있어서 퇴근길에 자주 들르는 편입니다. 그런데 하루는 누나 집에 가니 조카가 열심히 공부하고 있었습니다. 아직 초등학교 1학년인데 책상에 앉아서 공부하고 있는 모습이 대견스러워 칭찬도 해주고 맛있는 것도 사주려고 가만히 가보았습니다. 쓰기 공부를 하고 있더군요. 열심히 하고 있어서 방해가 될까봐 옆에 앉아 책을 읽으며 조용히 기다리기로 하였습니다.
　그런데 얼마 후 조카는 지우개로 쓴 내용을 지우는 것이었습니다. 아직 1학년이라 글쓰는 것이 서툴러 그런가 보다 했더니 30초도 안 됐는데 지우고 또 지우는 것입니다. 그래서 무슨 내용을 쓰기에 저렇게 자주 지우나 하고 살펴보았더니 '어머니, 학교에 다녀오겠습니다.'라는 담임 선생님의 프린트 내용을 2번 쓰는 것이었습니다. 그리고 지우는 이유도 틀려서 지우는 것이 아니라 모양이 예쁘지 않아서랍니다.
　제가 보기에는 초등학교 1학년 솜씨로는 잘 쓴 것 같아 "지우지 말고 그냥 쓰지 그러냐?" 라고 말해도 듣지 않고 계속 지우고 또 그 자리에 쓰는 것이었습니다.
　그러다가 사건이 벌어졌습니다. 쓰던 연필이 부러져 다른 연필

(끝이 뾰족하지 않고 둥그스름한)을 찾는데 없나 봅니다. 그래, 이제는 거의 울먹울먹합니다.

 도와주어야 할 상황인 것 같아서 우는 이유를 물었습니다. 연필심이 부러져서 숙제를 할 수 없다는 것입니다. 아니 연필심이 부러졌으면 깎아서 하면 되잖냐! 고 웃으면서 말했습니다.(아무 문제가 아닌 것 같아서…….) 그랬더니 삼촌은 아무것도 모르면서 그런다고 되려 야단입니다. 끝이 뾰족한 연필로 쓰면 글자 모양이 예쁘지 않다는 것입니다. "그렇지만 지금은 둥근 연필은 없고 끝이 뾰족한 연필밖에 없으니 그것으로 써라"고 했더니 이제 아예 우는 것입니다. 그러고 보니 아이가 우는 것은 부러진 연필이 아니었습니다.

 짐작되는 바가 있어 공책을 살펴보았더니 글자마다 지우개로 여러 번 지운 흔적이 있었습니다. 그래서 왜 이렇게 자주 지웠니? 하고 물었더니 쓰기를 잘해 가면 학교에서 선생님이 스티커를 주는데 그걸 타기 위해서 이렇게 지우고 또 지우고 해서 최대한 예쁜 모양을 낸다는 것이었습니다.

 우리가 하는 이야기를 듣고 할머니께서 "2시간 동안 '엄마 학교에 다녀오겠습니다.'를 쓰고 있다"고 말해 주더군요. 다른 숙제나 공부(재능수학, 한샘 국어, 학교 그림 숙제)는 뒷전이고 그것만 2시간 내내 하고 있었나 봅니다. 도대체 얼마나 스티커를 받았나 스티커 모음 표를 보니 정말 쓰기 스티커는 10개가 넘더군요. 다른 예절이나 봉사 발표는 3~4개 정도밖에 안 되는데…….

 아 그랬구나! 네가 스티커를 받기 위해서 2시간 동안 서너 자의 글자를 지우고 또 지우고 했구나!

　정말 그때는 그놈의 스티커가 아이를 망치고 있다는 생각이 들더군요. 스티커가 웬수다!

　열심히 하는 아이를 뭐라고 나무랄 수 없었습니다. 스티커를 잘못 운영한 것이 죄지요.

　그전부터 개인적으로 스티커를 달갑지 않게 생각하고 있었는데 잘못 활용되면 이렇게 아이들에게 다른 방향으로 인식될 수 있다는 것을 다시 한 번 알게 되었습니다. 하지만 더 중요한 것은 담임 선생님이 이 스티커의 부정적인 면을 알고 있느냐 입니다. 이 예는 비단 조카 얘기만은 아닌 것 같습니다. 다른 반의 선생님들의 이야기를 들으면, 스티커를 준다는 조건이 붙어야 무엇을 가져오고, 봉사를 하는 이유도 스티커 때문이라는 것입니다. 그러니까 스티커를 받기 위해서 좋은 행동을 하게 된다는 것입니다.

　행동을 권장하기 위해서 스티커를 쓴다고 하는데 너무 남발하는 것은 아닌지 모르겠습니다. 그러고도 권장한다는 측면을 부각시켜 스티커의 장점만을 내세우니…… 정말 그것으로 인해 자발적인 행동은 무시되고 수동적인 행동을 기르고 있다는 것을 인식하지 못하고 있으니 더 문제가 큽니다.

　저도 교실에서 동 학년 공동 추진 사항이라서 어쩔 수 없이(거금을 들였음) 활용합니다. 그러나 보신 부모님은 아시겠지만 스티커 수가 다른 반의 절반에도 못 미칩니다. 그만큼 스티커를 받으려면 많은 노력을 해야 합니다. 반에서 스티커를 받는 경우는 보이지 않는 곳에서 정말 열심히 했을 때(스스로의 생각에 의해서)

또한 발표나 행동이 정말 칭찬하지 않고는 그냥 넘어갈 수 없을 때 자기만의 진전이 있었을 때 부여합니다. 스티커를 받기 위해서 선생님 앞에서 또 눈치보며 하는 학생에게는 절대 주지 않습니다. 똑같은 행동이라고 할 지라도…….

그래서 아이들이 스티커나 상을 받을 때는 박수를 크게 받습니다. 정말 잘 했기에…….

보상에 대해서 가끔 생각해 볼 때가 있습니다.

보상이나 벌은 교육에서건 일상생활에서건 꼭 필요하다고 봅니다.

벌은 질책과 수정, 추가 노력의 의미가 강하고 보상은 잘 했다는 의미도 있지만 그 노력의 정도를 줄이지 말고 계속 매진하라는 뜻이 강하며, 또 다른 시각에서 보면 지쳐 있는 사람에게 자극이 되고 또 이런 좋은 사례도 있다는 것을 알리는 것이며 또 비아냥거리기를 좋아하는 사람에게는 이렇게 노력하는 것이 바보가 아니라는 것을 알려주기 위해 섭니다.

제 개인적으로 교실에서 상을 주는 가장 큰 이유는 노력하는 사람의 땀이 무시당하지 않고 박수를 받을 수 있도록 하기 위해 섭니다. 노력하는 사람을 알아주지는 못할 망정 병신취급은 말아야 하겠죠.

산업이 발전하기 이전에는 사람들이 여유가 있어서 창의적인 사람과 정말 자기 능력을 발휘하여 열심히 일하는 사람이 칭찬 받고 존경받아 왔는데 산업이 발전되면서 사람도 산업화되었는지 빠른 것 간편한 것 단순한 것을 원하게 되고 느린 것 복잡한 것을 꺼리게 되었습니다. 특히 근래에는 열심히 일하는 사람이 병신 취급을 당합니다. 그래서 대충 대충하는 것을 열심히 할라 치면,
"야!, 요즘 누가 그렇게 하냐! 모로 가도 서울만 가면 된다는 것 아니냐!"
하는 속담 아닌 속담을 인용합니다.
그러다 보니 아이들도 서로 눈치보고 약삭빠르게 청소를 하고 대충 선생님 눈치보면서 살아가려고 하는 아이들이 많습니다. 하지만 우리 교실에서는 그렇게 선생님의 눈치를 살피는 사람이 병신 취급을 당합니다. 당당하면 왜 다른 사람의 눈치를 봅니까?
특이나 자라나는 아이들이 다른 사람의 눈치를 보지 않고 당당하게 자기 삶을 살아가야 할 진데 자꾸 친구들 눈치보고 선생님 눈치를 보는 것입니다.
어떤 보상을 받기 위해서가 아닌 자기 마음에서 노력하는 사람이 칭찬 받고 존경받으며 그 노력하는 사람에게 큰 박수를 보내주는 교실을 만들고자 합니다.
공부 열심히 하는 사람 다른 사람을 열심히 도와주는 사람 청소를 열심히 하는 사람이 칭찬을 받을 수 있도록 집에서도 도와주십시오.
어렸을 때에는 요령보다는 응용할 수 있는 자세를 길렀으면 합니다. 요령과 응용은 비슷한 말 같지만 전혀 다른 말입니다. 요령은 원리나 원칙에서 벗어나(때론 아예 무시하고) 행동하는 것이고 응용은 원리나 원칙을 발판으로 더 높게 올라가는 것입니다. 원리에 토대를 두고 더 깊은 행동을 취하는 것이지요.

살아가는 과정에서 참 많이 혼돈하고 있습니다.

부모님들도 응용보다는 먼저 요령을 가르칩니다.

"야!, 그렇게 해서 언제 하냐! 그건 이렇게 하는 거야! 이 엄마가 살아본 경험으로 이야기하는 것이니 너는 그렇게 알고 따라와!"

하고 아이를 이끕니다.

교육에서 중요한 것은 무엇을 받기 위해서 취한 행동보다는 스스로 한 행동을 중요하게 생각합니다. 그래서 그 행동을 계속 권장하기 위해서 보상이 따르는 겁니다. 주객이 전도되어서는 안되겠습니다. 성적을 올리기 위해서 이번 시험에서 몇등하면 자전거를 사준다, 미니 카세트를 사준다고 합니다. 그러면 아이는 자기 필요에 의해서 공부하는 것이 아니라 그 보상 때문에 공부를 하는 것입니다. 또 그런 약속은 지켜지지 않는 것이 대부분이고 지켜진다고 할지라도 약속이라고 억지로 이행하는 경우가 많습니다. 스티커 (보상) 때문에 공부한다. 좀 우스운 일이 아닐까요. 보상은 그 노력이 가상하여 아이가 실망하지 않고 그 노력을 계속하는 채찍질의 의미로 주었으면 합니다.

텔레비전의 한 광고 문구가 생각납니다.

천재 소년이라고 불렸던 베토벤의 지도 선생님이 베토벤을 처음 보고서 한 이야기라고 들었습니다.

"열정은 있다. 그러나 기본은 없다."

아마 그 선생님을 만나지 못했다면 음악적 재능과 열정은 있어서 요령 있는 음악가는 될 수 있었어도 여러 방면의 폭넓은 음감을 지닌 음악가는 될 수 없었을 겁니다. 바로 그 선생님을 만나고 부터 음악의 주인은 기본이라는 것을 알고 기본 교육에 열심이었기에 말년에 귀를 잃었어도 훌륭한 음악을 만들었을 겁니다. 말년까지 요령만을 익힌 음악가였다면 그것이 과연 가능했고 지금 까지 악성으로 존경을 받는 음악가가 되었을까요?

교육한다는 명분 하에 행해지는 숱한 일들 중에 거꾸로 행하는 일들이 많습니다. 교육을 위한 평가인지 아니면 평가를 위한 교육인지 혼돈을 하는 경우가 있어서 주객이 전도된 평가로 인해 아이들이 고통받는 일이 많습니다.

진정한 의미에서 교육이라는 것은 아이들의 특성을 개발시켜 주고 그 특성을 찾아 나갈 수 있는 그리고 그 속에서 공동선을 배워 나가는 것이라 생각합니다.

아동에게 의미 있는 그런 교육을 추구할 때 아이들이 학교에 오고 싶어하고 즐거운 학교가 되는 것이 아닐는지요. 가르친다고 해서 다 교육은 아니라고 봅니다. 오히려 그것으로 인해 아이들이 더 병들지도 모르니까요? 아이들이 왜 학교 오기를 싫어하는지, 왜 아이들이 학교에서 문제아가 되는지 한 번 생각해 보기 바랍니다. 그것은 학교가 재미없고 학교에 와 보았자 할 일이 없기 때문은 아닐는지요.

교육에서 정말 중요한 것을 알아야겠습니다. 주객이 전도된 교육은 오래가지 못합니다. 스티커를 받기 위한 행동은 금방 싫증을 내거나 상황이 바뀌면 안 하게 되지요.

스티커보다는 스스로 행동을 하게 할 수 있는 교수법을 개발해야겠습니다. '모로 가도 서울만 가면 된다.'고요. 조건이 바뀔 경우에 어떻게 하겠습니까?

　노벨상을 받은 철학자 겸 행동 물리학자인 콘라드 로렌츠는 생명은 학습이라고 말합니다. 보다 좋은 세상을 만들기 위하여 꾸준히 배우고 노력하는 생명은 번성하고 그렇지 못한 생명은 도태한다는 것입니다.

　항상 배우는 사람은 변화를 추구하는 사람이라고 생각합니다. 다가오는 세계는 변화를 추구하고 배우는 사람이 살아남을 것이라는 생각이 듭니다.

저마다의 아름다움이 있지요.

　유난히도 소담스럽게 내리는 눈이 많았던 한 해였습니다. 사람들의 마음이 그만큼 깨끗해지고 넓어졌다는 뜻일까요. 내릴 때의 눈은 사람들에게 향기와 추억을 심어 주며 보기에도 얼마나 좋은지 모릅니다. 그러나 수명이 다해서 녹아 내리는 눈은 그 누구 하나 거들떠보지 않은 귀찮은 존재에 불과합니다. 모든 사물에는 양면이 있습니다. 아름다움이 있으면 그 뒤에는 향기롭지 못한 부분이 존재합니다. 어쩌면은 그것 때문에 아름다운 부분이 더 부각되는 지도 모르겠습니다. 부족한 부분이 있기에 또 아름답지 못한 사람이 있기에 아름다운 사람이 더 아름답게 느껴지는 것이겠지요.
　사람에 따라 자신의 아름다움을 잘 발견하고 다듬어 더 발전시키는 사람이 있는가하면 아름답지 못한 부분을 부각시켜서 사람들에게 혐오감과 싫증을 주는 사람이 있습니다. 그러고 보면 자기의 장점과 아름다움을 잘 발견하고 개발하는 것도 하나의 중요한 능력이라고 볼 수 있겠네요.

집 앞 공원을 걷다가 우연히 잔디밭 제초 작업을 하는 광경을 보게 되었습니다. 그때는 '매번 제초 작업을 해야 하는 저 사람들은 정말 귀찮고 힘들겠다'고 생각하면서 잔디만 남기고 한 번에 다른 풀들을 제거할 수 있는 약이 나왔으면 좋겠다는 생각을 했습니다. 잔디밭에 잡초들은 불필요한 존재들이라고 생각되었으니까요. 역시 제초 작업을 끝낸 잔디밭은 보기가 좋더군요.

그런데 어느 날 사진 촬영을 하기 위해 한적한 시골 조각공원에 간 적이 있었습니다. 그곳은 일손이 부족해서 그런지 잔디밭에 온통 잡초가 우거지고 이름 모를 들꽃들이 흐드러지게 피어 있더군요. 무심결에 카메라 렌즈를 들꽃에 고정시키게 되었습니다. 거기에 보이는 세상은 또 다른 세계였습니다. 그 이름 모를 잡초와 들꽃들은 햇빛에 반사를 받아 너무나 아름다운 자태를 자랑하고 있었습니다. 잔디보다는 이름모를 들꽃들에 더 눈길이 가더군요. 그러면서 '잔디밭에서는 푸대접을 받는 저 들꽃들도 그 들꽃에 맞는 장소에 있으니 저렇게 아름다운데 우리가 한 기준으로만 보고 있는 것은 아닌가? 하는 생각을 하게 되었습니다.

그러고 보면 세상이 '잔디밭의 잡초' 나 '잡초 속의 잔디' 같은 것이 아닐런지요. 잔디는 언제고 반드시 필요하며 잡초는 불필요한 존재라는 보장은 없을 것입니다. 잔디가 사람의 보호를 받고 잡초가 사람의 손에 죽어 가는 것은 사람의 선택일 뿐입니다.

선택은 시기와 장소 그리고 사람의 성향에 따라 달라지는 것이지 절대적인 것은 아닙니다. 사람들은 늘 한가지만을 봅니다. 잔디는 아름답게 가꾸어야 하고 잡초는 필요 없다고 얘기하거나 혹은 인공으로 꾸며진 잔디밭은 진정한 아름다움이 아니고 들판에 무리 지어 핀 들꽃의 싱싱함이야말로 진정한 아름다움이라고 목소리를 높이는 사람들이 있습니다. 하지만 우리는 어느 것을 옳다고 할 수 없습니다. 그것은 선택과 가치관의 차이니까요.

인간은 지극히 복잡한 동물 이어서 이성적인가 하면 동물적이고, 합리적인가 하면 충동적입니다.

클래식 음악을 들어야 감동을 느끼는 사람이 있는가 하면 클래식 음악을 들으면 골치부터 아파지는 사람이 있습니다. 그렇다고 클래식 음악을 좋아하는 사람은 고상하고 클래식 음악을 싫어하는 사람은 천박하다는 순위를 정하는 것은 옳지 않습니다. 어디에나 감동은 있고 누구나 생각할 수 있는 능력이 있으며 자기 나름대로의 아름다움을 지녔습니다. 하지만 생각이나 감동에 있어서 질적인 차이를 감안해야겠지요. 누구나 생각을 하지만 그 생각이 다 올바른 것은 아닙니다. 그래서 도덕적인 판단이라는 기준이 필요하겠지요.

사람이란 존재는 단순한 평면이 아니고 입체적인 존재입니다. 사람을 볼 때 우리는 그 입체를 봐야 하는데 그렇지 못합니다. 사실 우리는 그 입체를 보려고 해도 볼 수가 없지요 우리가 볼 수 있는 것은 고작해야 두 면이나 세면쯤 될까요. 따라서 우리가 보지 못하는 부분이 있다는 것입니다. 그렇기 때문에 보이는 부분만 가지고 사람을 함부로 판단해서는 안되겠습니다.

우리가 아이들을 기를 때도 한 쪽 면만을 보고 그 아이의 성향이나 행동을 판단하는 우(禹)를 범하기도 합니다.

 한 두 가지 기준으로 아이를 판단하거나 다른 사람과 비교하지는 않는지요. 남들이 하는 공부·기능 신장이라고 해서 아이에게 맞지도 않는 데 아이를 위한다는 명목으로 억지로 시키고 있지는 않는지, 남들도 하니까 우리 아이도 안 하면 뒤떨어지지는 않을까? 하는 걱정에 아무 의미 없이 학원으로 등을 밀고 있지는 않는지 생각해 보았으면 합니다.

 우리 아이에게 어울리고 맞는 교육은 무엇인지? 그리고 우리 아이에게서 나는 독특한 향기는 무엇인지 한번 생각해 보셨습니까? 그 아이만의 기준과 아름다움이 있을 것입니다. 공통적인 기준이 항상 옳지만은 않습니다. 때론 내 아이만이 갖고 있는 아름다움이 다른 사람 모두가 갖고 있는 아름다움보다 더 가치 있고 귀중할 수 있습니다.

 저는 아이들에게 자주 이런 이야기를 합니다.

 "여러분들은 모두가 다 귀중한 보석이다. 벌써 발견한 사람도 있고 그 보석을 아직 발견하지 못한 사람도 있을 거다. 하지만 잊지 말아야 할 것은 여러분 모두가 다 귀중한 존재들이고 언젠가는 이 세상에 한 몫을 해낼 사람들이라는 사실을 잊지 말아라. 그러니 자기만의 독특한 향기를 지닌 사람이 되라. 그리고 그 향기를 소중하게 간직하고 그 것을 발휘할 수 있는 기회가 찾아왔을 때 언제든지 마음껏 펼칠 수 있도록 항상 준비하라!"고 얘기합니다.

 그리고 다음과 같은 가사 말이 있는 음악을 가끔 들려줍니다.

'The dream of the dolphin' - Enigma.
In every colour there's the light. In every stone sleeps a crystal.
Remember the shaman; "Man is the dream of the dolphin"
『모든 색에는 그 나름대로의 빛이 있다. 모든 돌에는 숨어있는(잠재된-보이지 않는) 보석이 들어 있다. 사람은 무한한 꿈이 있다는 것을 잊지 말아야 한다.』

정말 작은 돌멩이에도 그 나름대로의 향기와 보석이 숨어있는데 인간인 우리 아이들은 더 아름다운 향기와 큰 보석이 숨어있을 것입니다.
우리 아이에게 숨어 있는 보석(crystal)은 무엇일까요?
그 보석은 다른 곳에 있을 때 빛이 나지 않습니다. 자기에게 맞는 곳 맞는 위치에 있을 때 비로서 보석으로 반짝이겠지요. 무리하게 맞지도 않는 옷(꿈)을 입히려하기 보다는 아이들에게 맞는 옷(꿈)을 입혀주십시오. 그러면 그것이야말로 그 아이에게는 최고의 보석이고 최고의 꿈이 될 것입니다.
유월의 잔디밭은 얼마나 싱싱합니까! 빗줄기라도 한줄기 긋고 가는 오후면 흠뻑 비를 들이마시고 싱싱하게 꿈틀거리는 잔디들이 황홀하도록 아름답습니다. 하지만 어느 시골 들길에 망초꽃들이 하얗게 우거져 바람에 흔들리는 모습에도 우리는 목이 메일 수 있습니다.
모두가 다 나름대로의 아름다움을 지니고 있기 때문이지요. 우리 아이들도요……

엄마·아빠와는 세대 차 나서
대화가 안 통해요

  가을이 꼬리를 감추고 있습니다. 얼마 남지 않은 가을을 느껴보십시요. 아이들과 손을 잡고 아파트 주변이라도 산책을 하면서 낙엽을 주워 보도록 하십시오. 그런데, 그 꼬리의 자취들을 만져 볼 시간적 여유는 있는지 모르겠습니다. 시간은 만들기 나름이라는데
……

  위에 제목을 보시고 '설마 내가 이런 말을 듣겠어?' 아니면 '나도 이런 말을 들을 날이 언젠가 오겠지?'하고 생각하시는 분이 계시겠지요. 아마 한 번쯤은 누구나 이런 세대 차에 대해 생각해보았을 것입니다.

  과연 세대간에는 세대 차가 존재하며 그 세대 차가 있는 것이 바람직한 것일까요? 아니면 세대 차는 있을 수 없고 세대 차가 있는 것은 바람직하지 못한 걸까요?

  성급하지만 결론부터 말씀드리지요. 어느 시대 세대 건 세대 차이는 존재한다는 것입니다. 그리고 세대 차가 있는 것이 당연하고요. 개인적인 생각으로는 그 사회나 시대에 세대 차가 없고 세대

차를 인정하지 않는다면 그 사회는 발전할 수 없고 죽은 사회나 마찬가지라고 생각됩니다.

N세대와 부모간의 갈등 상황을 예로 들어보지요.

어느 날 아빠가 퇴근하여 피곤한 몸을 이끌고 집으로 들어왔습니다. 인제 좀 쉴 수 있겠구나! 하는 생각을 가지고……

그런데 이게 웬일입니까? 집에 들어서자 마자 오디오에서 시끄러운 락(ROCK)음악이 흘러나오고 작은 아이 방에서는 그놈의 HOT인지 뭔지 하는 알지도 못하는 중얼거림이 방을 떠들썩하게 울려옵니다. 그래서 아빠는 그래도 온화하게 "야!, 너는 무슨 알아듣지도 못하는 중얼거리는 노래를 듣고 있냐? 그런 노래는 그만 듣고 좀 점잖은 노래를 들을 수 없냐!"고 했습니다. 그랬더니 대뜸, "무슨 소리하시는 거여요. 지금 이 노래가 얼마나 유행하고 있는지 알아요. 그리고 얼마나 좋은 노래인데, 아빠하고 세대 차이나서 안 되겠어요. 저는 N세대라고요. 아빠가 N세대에 대해서 뭘 아세요? 나가세요."하고 말하는 것입니다.(아마 시끄러운 음악을 듣는다고 화를 내었다면 더 했겠지요.) 그 아버지는 더 이상 할말을 잃고 멍하니 그 아이만 바라보고 있었다는 겁니다.

제가 볼 때는 이 아버지는 아주 너그러운 아버지라 생각되는군요. 다른 아버지들 같은 경우 벌써 일이 벌어져도 크게 벌어졌겠지요.

위의 이야기처럼 자신을 N세대라고 내세우고 방어한다는 사실은 곧 부모와 기성세대로부터 배우고 충고 듣는 일을 당연하게 여기기 보다는 서로 다른 세계에 살고 있으니 피차간에 간섭하지 말자는 선언이라고 해석할 수밖에 없습니다.

자신들의 독특한 감성의 세계를 주장하고 개성적 표현을 강조하는 것은 그 자체로서는 하등 나빠 보일 것이 없어 보입니다. 그러나 그런 감성과 개성의 강조가 기존의 사회 규범적 문화 틀과 갈등할 때 문제가 생기지요. N세대의 행동이 부유층 자제들의 쾌락과 소비의 자유와 개성 표현에만 국한해서 보여질 때 그것이 바로 오렌지족이 되는 것이며, 정치·사회·경제적 이슈들과 결부되어 그들 나름대로의 감성과 개성파적 행동으로 돌출될 때 그것이 바로 운동권이 되는 것입니다. 오렌지족도 못되고 운동권도 못되지만 자기 나름대로의 감성을 지키면서 살고자 하는 젊은이들은 또 기성세대가 보기에는 일하기 싫어하고 예의 없고 놀기 좋아하는 그러면서도 어디에 소속되지 못하는 좀 종자가 다른 인종들처럼 보이는 것이죠. 그래서 기성세대를 바라보는 N세대의 눈초리가 곱지 않은 것과 마찬가지로 기성세대들의 눈에 비치는 N세대의 모습은 더욱더 부정적입니다.
　이렇게 서로간의 (N세대와 기성세대) 평행선적인 싸움과 이해관계는 언제까지 계속되어야 할까요?
　자아와 개성 그리고 나름대로의 독특한 감성을 갖는 것은 중요합니다. 그러나 그런 것들이 부모와 기성세대의 일방적인 희생을 전제로 한 놀음이어서는 안 된다고 생각합니다. N세대의 진정한 값어치는 기성세대에 기생하지 않고 독립적으로 현실 속에서 자신다운 개성과 감성 그리고 삶을 형성해 가는데 있다고 봅니다. 무조건적으로 N세대를 이해하고 받아들이는 것은 옳지 않습니다. 중요한 것은 세대가 바뀌고 시간이 흐르더라도 인간으로서 기본적으로 지녀야 할 품성은 가르쳐야 된다고 봅니다. 'N세대이니 당연히 저러겠거니' 하는 체념식의 이해는 아이를 오히려 망치는 것입니다.

이제 처음으로 돌아가서 생각해 봅시다. 세대간에 있어서 세대차는 존재하는 것이겠지요. 그런데 그것을 인정하지 않고 서로간의 가치, 고집을 고수해 나간다면 두 세대간은 항상 불편한 평행선을 그어 갈 것입니다.

강산도 십년이면 변하고 서울의 건물들과 거리가 하루가 다르게 변해 어제와 오늘 사이는 정말 많은 것들에 차이점이 있는데 그 변화를 주도하는 사람은 어찌 안 변하고 같겠습니까? 다른 시대에 태어난 사람들인데 당연히 생각과 행동 방식이 다르겠지요.

그렇기 때문에 우리가 중요하게 생각 할 것은 세대 차가 나는 것을 바람직하게 보고 그것을 인정하는 동시에 그 세대간의 생각과 행동의 차이를 좁혀 나가는 일입니다. 그러나 세대 차를 인정하고 그들의 가치를 받아들이면서도 우리가 세상을 살아가면서 영원히 변하지 않고 중요시해야 하는 것들은 가르치고 바른 행동과 바른 길로 인도해야겠습니다.

어느 시대 건 세대 차는 존재합니다. 중요한 것은 그것을 무시할 것이 아니라 서로가 생각을 존중해주고 서로 받아들이려는 자세입니다.

결과보다 과정을……

　밖에서는 앙상한 나뭇가지들이 춥다고 울어대지만 을해년(乙亥年)의 힘찬 기운에 새로운 도약을 해야겠다는 생각이 듭니다. 새해라서 특별한 의미의 계획은 세운바 없습니다. 그저 바램이 있다면 햇병아리 교사로서 교직에 첫발을 딛을 때의 다짐이 영원토록 변치 않았으면 하는 것이지요. 그것은 언제나 개방된 마음으로 내 입장에서가 아니라 아이들 입장에서 한 번 더 생각해 보는 것, 그리고 아이들에게 최대한 자율과 책임을 일깨우고 항상 젊고 창의적인 생각을 가질 수 있도록 하는 것이지요.
　우리는 어떤 것을 평가할 때 주로 나온 결과물을 가지고 측정합니다. 일이든 사람의 됨됨이든. 그런데 그런 방법이 옳을 까요?
　교육적인 측면에서 평가의 목적은 좀 더 그 일을 잘 수행하기 위해서, 다음에는 실수를 줄이고 더 바람직한 방향으로 개선하기 위해서 평가를 합니다. 즉, 평가는 일을 좀 더 잘하기 위해서 실시한다고 볼 수 있습니다. 그래서 평가의 초점은 잘못된 점을 지적하는 데 있는 것이 아니라 잘못된 과정을 개선하여 적용하는

데 있습니다. 그런데 이런 평가의 원래 취지에도 불구하고 요즘은 대부분의 평가가 단순히 그 일의 잘하고 못하고를 구분 짓는데 활용되고 있습니다. 그래서 일을 수행하는 과정보다는 결과물을 가지고 평가하고 있습니다. 그런 결과 평가로 인해 사람이 무기력하게 느껴지지요. 다음 이야기를 읽어보고 공감해 보지요.

옛날 한 양반 집에서 도자기를 사러 장에 갔습니다. 김노인과 이노인 그리고 하인 두 사람이 장을 보러 갔지요. 김노인은 한 참을 망설이며 고른 끝에 마음에 쏙 드는 도자기를 골랐습니다. 값도 아주 비싸게 주고 샀습니다. 그런데 이 비싸게 산 도자기를 집까지 가져가야 하는 데 운반이 문제가 되었습니다. 무겁기도 하지만 김노인 집까지 10여리나 되고 길도 험하여 김노인은 무척 걱정이 되었습니다. 그래서 하인 두 사람 중에서 한 사람에게 이 도자기 운반을 맡기려 하는 데 누구에게 맡길까 고민이 되었습니다. 무게와 험난함을 생각하면 최가에게 맡기고 싶으나 좀 덤벙대는 게 흠이었습니다. 그리고 '박'가는 힘은 세지 않지만 항상 일을 신중하게 처리했습니다. 그래서 김노인은 평소 일하는 데 있어서 신중한 '박'가에게 이 도자기 운반을 맡기기로 결정을 보았습니다. 이제 네사람은 10리 길을 떠났습니다. 길을 가는 도중에 힘이 들어서 쉬어 가고 우물 집에서 물도 얻어 마셨습니다. 그러나 그런 와중에도 '박'가는 쉬면서도 도자기를 안고 있었고 물을 마시다 혹시나 도자기를 깨뜨리지 않을까? 걱정이 되어 물도 마시지 않았습니다. 그렇게 해서 드디어 김노인의 집 앞에 도착하였지요. 그런데 그렇게 신중하게 가져오던 '박'가가 대문을 넘다가 밑을 보지 못하고 그만 문지방에 걸려 넘어져서 도자기를 깨뜨리고 말았습니다. 김노인의 불호령이 떨어졌지요. "하루 세끼 밥먹고 그것도 못 들어 깨뜨렸느냐!" 하고 야단을 쳤고, 시기심에 시큰둥하던 힘센 '최'가도 "영감님이 힘센 저에게 맡기셨다면 이런 일이 없었을 것입니다."하고 말을 했죠! 하지만 '박'가는 말 한 마디 못하고 그냥 서 있을 수밖에 없었습니다. 왜냐하면 지금까지 신중하게 도자기를 잘 들고 왔다고 해도 지금 현재 도자기가 깨진 이상 무슨 변명의 말을 늘어놓을 수가 없었습니다. 그래서 이 이야기를 듣던 '이'노인이 "김씨 자네는 어째서 '박'가의 결과만을 놓고 나무라는가?" 여기까지 얼마나 힘들게 들고 왔는지는 자네가 더 잘 알지 않는가?"하고 충고를 하였지요.

이런 경우는 우리 일상 생활에서뿐만 아니라 아이를 가르치는 경우에도 흔히 있는 일입니다. 특히나 아이들의 시험에 대해서는 더욱 더 결과를 가지고 얘기합니다.

아이들에게 있어서 결과는 대단히 중요한 의미를 띕니다. 시험을 보았을 때 결과가 좋지 못하여 얼마나 마음 졸이고 가슴 아파하는지 제가 다 걱정이 될 정도입니다. 물론 아이들 중에는 문제다 싶을 정도로 시험 결과에 대해서 무관심한 아이들도 있습니다. 그런 아이들도 문제가 있지요. 자기가 노력한 것에 대한 보람도 모르고 있고 노력한다는 의미를 모르고 있으니까요. 하지만 현재 도시의 대부분의 아이들은 어떠한 형태의 시험이든 걱정을 하고 그 결과에 대해 주목하고 스트레스를 받는다는 것입니다. 그리고 그 결과에 대해 자신이 조금만 더 노력했더라면 이렇게 결과가 나오지 않았을 텐데 하는 후회를 하게 되지요.

그런데 아버지 어머니는 집에 가자마자 시험 점수부터 물어 봅니다. 시험은 잘 보았느냐? 그리고 시험 점수는 어떻게 되느냐?,

그래서 좋지 않으면 그 아이가 평소 열심히 노력한 것은 뒷전이고 "그렇게 공부해서 어떻게 대학을 갈래! 옆집 아이는 몇 점인데 너는 그게 뭐냐! 공부 좀 해라! 내가 동네 창피해서 고개를 못 들고 다니겠다."하고 야단은 꼬리를 뭅니다. 물론 평소에 공부를 안한 아이에게는 당연히 책임을 물어야겠지요. 하지만 본인도 점수가 좋지 못해 기죽어 있는데 야단부터 친다는 것은 문제가 있습니다. 그 부모님에겐 시험에 대한 평가가 시험 기간 얼마나 열심히 준비했느냐? 가 아니고 얼마나 잘 나왔냐? 가 관심사인가 봅니다.

제가 생각하는 인간의 심리 중 중요하게 생각하는 것 중에 하나는 사람이 잘못을 했을 때 가장 잘 알고 그 잘못을 가장 먼저 깨닫는 사람은 다른 사람이 아닌 자기 자신이라는 것입니다. 대부분의 사람들은 그 일을 하는 즉시 그 일을 하면서 바로 잘못을 느끼게 됩니다. 그래서 누구보다도 그것에 대해 가슴 아파하기도 하고 조금 더 잘할 수 있었을 텐데 하고 자책을 하기도 하지요.

자기 자신의 무능력이나 잘못을 잘 알고 있는데 그것에 다시 자기가 아닌 다른 사람이 또 언급과 함께 질책을 한다면 그것을 고치려는 심리보다는 오히려 자기 자신을 방어하려고 하는 심리가 강하게 나타납니다. 그래서 다른 사람이 그것에 대해 잘못을 지적했을 때는 수용하려고 하기보다는 일단 강하게 반발하거나 오히려 자기 자신의 잘못을 정당화시키려 한다는 것입니다.

교육에 있어서 칭찬이 중요하다고 말합니다. 하지만 제가 보는 견해로는 칭찬보다 질책을 올바로 하는 것이 중요하다고 봅니다. 칭찬은 그 때 그 때 보이는 장면을 가지고 하면 되지만 질책은 그렇게 한다면 고쳐지기보다는 심한 반발을 불러옵니다. 그렇기 때문에 야단을 치기 위해서는 칭찬보다 더 세심한 주의가 필요합니다. 만약에 야단을 치려 한다면 긍정적인 방향으로 야단을 치거나, 도망갈 자리를 마련해 주고 야단을 치십시오. 본인이 이미 그것에 대해 심한 좌절과 죄책감을 느끼고 있는데 거기에다 또 야단을 친다. 이것은 상상도 못할 정도로 아이의 기분을 상하게 합니다. 긍정적인 방향으로 야단을 친다는 것은 그 아이의 행동 결과에 대해서 최대한 잘한 점을 찾으라는 것입니다. 그래서 먼저 그 점에 대해서 먼저 칭찬이나 이야기를 한 후 부족한 부분을 보충하도록 한다면 그 아이도 충분히 수긍을 할 것입니다. 그리고 잘못된 점을 지적하는 것도 발전을 하기 위한 수단이 되어야 합니다.

'쥐가 고양이에게 쫓기다가 막다른 골목에 몰려 더 이상 갈곳이 없으면 고양이에게 덤벼든다'는 말이 있습니다. 이것은 속담이지만 때론 아이들도 이와 비슷한 생각을 갖는다는 것입니다. 아이들도 자기가 한 행동에 대해서 좌절감을 느끼고 있는 데 그것을 다시 나무라고 한다면 아이들은 반발하려는 욕구가 강해집니다. 쥐는 아동이고 고양이는 학부모다 는 비유가 아닙니다. 이 예를 든 것은 아이가 뉘우칠 수 있는 공간과 여유를 주라는 것이지요.

교육의 결과는 단기적이지 않습니다. 보다 더 먼 날을 바라보고 투자를 해야겠지요. 한 번 더 노력을 할 수 있는 기회를 주는 것, 자신의 잘못을 알고 더 좋은 결과를 얻을 수 있는 기회를 만드는 것이 중요합니다. 절대 서두르지 마십시오. 단기적인 결과보다는 과정을 얼마나 열심히 했느냐가 중요합니다.

#아이들의 벌주기

　아이들에게 어떤 형태의 가정교육이 좋은 것인가는 많은 부모님들의 고민인 것인 줄 알고 있습니다. 전문가들은 지나치게 엄격한 가부장적 가정이나 아이를 절대 야단치지 않는 자유방임형 가정 모두 올바른 모델이 아니라고 합니다.
　저도 여기에 동감을 합니다. 우선 부모가 너무 엄격한 경우 아이들은 대부분 자신의 잘못을 깨닫지 못한 채 무조건 잘못 했다고 빌게 되고 이런 아이는 커서도 자신의 행동에 자신감과 창의력이 부족하게 마련입니다. 또 부모로부터 자유롭고 싶은 생각과 함께 저항의식을 갖게돼 평소에는 이런 의식이 잠재돼 있다가 어느 순간 과격한 행동으로 표출되기도 합니다. 반면 부모가 야단 한번 치지 않고 과보호하며 기른 아이들은 옳고 그른 것에 대한 판단 능력과 책임감이 결여돼 사회적응에 어려움을 겪기도 합니다.
　아이들을 야단칠 때 가장 중요한 것은 부모의 일관된 태도, 즉 같은 행동을 두고 벌을 주기도 하고 그냥 넘기기도 할 경우 아이들은 규범에 혼란을 겪게 됩니다. 큰 원칙의 테두리를 정하고 이를 꼭 지키도록 하되 아이에게 이유를 충분히 납득시키고 아이가 잘못을 범했을 경우 바로 벌을 주기보다는 다음에 한번 더 잘못하면 벌을 받는다는 경고 단계를 거치는 것이 좋습니다. 다시 잘못을 했을 때 아이는 벌을 받는 것이 정당한 것으로 받아들여 정서적으로 큰 상처가 없습니다. 벌을 주기에 앞서 아동의 입장을 충분히 듣는 것과 과거의 잘못을 끄집어 내 얘기하지 않는 것이 좋습니다. 불가피하게 처벌할 경우 자신의 감정에 사로잡히기 쉬운 즉흥적인 체벌은 절대 금물입니다. 또 손을 대는 등 직접적인 신체접촉보다는 회초리 등 매를 사용하는 것이 아이의 정서에 이롭다고 봅니다. 그러나 벌을 준 뒤에는 응어리가 남지 않도록 잘 풀어 주는 것도 중요합니다.

땀의 소중함을 일깨우는 교육

완연한 가을입니다. 여름의 잔해가 말끔히 씻긴 듯 쾌청한 하늘에서 솔바람이 불어옵니다. 이런 날은 창을 활짝 열고 밤 깊도록 바람을 쐬며 책을 펴 봅니다. 몸이 단단해지는 것 못지 않게 마음의 뜰이 풍성해 지는 기쁨은 각별하지요. 그냥 스치는 만남이 아닌 오래 기억되고 때론 삶의 전기가 되는 만남은 누구에게나 소중할 것입니다.

며칠 전 신문을 읽다가 광주 과학 고등학교 교사의 글을 읽고 느낀바 있어 인용해 봅니다.

　　얼마 전의 일이다. 우리 반 교실 뒤쪽 환경 판의 못이 빠져 패널 하나가 떨어진 적이 있었다. 담임인 내가 손수 박아 걸고도 싶었지만 그 날은 내 수업이 꽉 차 있어서 학생 하나를 불러 못과 망치를 주며 좀 박아 걸라고 하였다. 그런데 이게 웬일인가. 오후 종례 때 들어가 보니 녀석은 임무를 완성하기는커녕 왼쪽 손가락에 붕대를 감고 있었다. 못을 박은 게 아니라 손가락을 깨고 만 것이다. 벽에 시멘트 못 하나를 제대로 못 박는 고교 1년 생 어떻게 생각하면 아무것도 아닌 일이지만 한편으로는 이것은 오늘날 우리 교육이 안고 있는 중대한 맹점을 보여주는 하나의 표징일 수 있다.

요즘 아이들은 가정이나 학교에서 아무것도 할 일이 없다. 아니 하고 싶어도 해볼 수가 없다. 화단을 가꾸고 부서진 책상을 고치고 흙을 만지고 밥하고 빨래하고 반찬 만드는 일 모두 아버지나 어머니가 해주는 것이다.

혹 아이가 스스로 해 보겠다고 나서는 경우 무슨 큰 일이나 날 것처럼 만류한다. 듣기로는 어떤 학교에서는 학생들의 공부하는 시간을 단 일분 일초라도 앗아가면 안 된다며 학교 주변 청소마저 기능직 미화원을 고용하고 있는 경우도 있다고 한다.

세상을 웬만큼 살아본 어른이라면 알 것이다. 사회생활에서 진정 중요한 것은 그 사람의 머릿속에 들어 있는 추상적이고 단편적인 지식이 아니라 작은 일 하나라도 제 손으로 해낼 수 있는 능력과 다양한 체험 속에 터득한 지혜들이라는 것을······.

그럼에도 오늘의 우리는 내일의 주인공인 아이들을 어떻게 키우고 있는 가! 좋게 말하면 '과잉보호'이고 좀 심하게 말하면 공부 빼놓고는 아무것도 할 줄 모르는 아이를 기르고 있는 것이다.

위에 인용한 고등학교 교사의 의견은 못을 못 박는 고등학생의 한 단면만을 보고 오늘의 교육을 진단했다고 할 수도 있습니다. 하지만 우리가 생각해야 할 것은 그 수의 많고 적음이 아니라 이렇게 된 원인이 어디에 있는가? 입니다. 이렇게 길러지는 원인이 노작교육(勞作敎育)의 부재로 인해서 발생하는 문제가 아니라 할지라도 땀의 의미를 소중하게 여기지 못하고 책임을 같이 나누지 못하는 가정, 학력을 중시하는 사회에서 기인하는 문제라고 볼 수 있습니다.

적어도 살아 있는 반의 아이들은 땀의 의미를 아는 사람으로 길러지기를 원합니다. 아무리 살기 좋은 세상이 온다 한들 우리들 인생의 전부를 결코 머리로만 때워 가며 살수는 없기 때문입니다.

못하나 제대로 못박는 아이가 생기는 것은 학력만을 중시하는 사회 분위기, 부모님의 교육에 대한 고정관념이 작용한 것이라 볼 수 있습니다. 즉, 아이들을 가르친다 하면 신체적 성장, 정신적 성장, 그리고 남과 더불어 살아가는 사회성 발달, 생활 적응력 등을 포함하는 것인데 오직 지식적인 성장만을 교육이라고 보는데서 못 하나 못 박고 생활력이 없는 아이를 키우고 있는 것입니다.

더구나 아이를 키우는 부모가 교육에 대한 의견 차가 있다면 문제는 더 심각합니다.

아버지는 공부도 중요하지만 세상일에 부딪치고 힘든 일도 시키면서 아이를 키우려고 하는데 어머니는 아이 공부 시간 빼앗긴다며 그런 일들은 한사코 반대합니다. 사회가 학력을 중시하다보니 어머니에게는 일보다는 공부가 더 중요하게 작용하여 공부만 잘하면 된다고 말하게 되고 아이는 은연중에 공부만 잘하고 다른 것은 못해도 된다는 생각을 갖게 됩니다. 그래서 움직임(노동)을 필요로 하는 일에는 아이들이 전혀 손도 못대는 현상을 일으키고 있습니다.

가정교육에 한 가지 드리는 제언은 아버지, 어머니가 교육에 있어서 화음이 맞아야 한다는 것입니다. 그 불협화음의 한 예를 들면 아버지는 밥상에서 교육을 중요시 여기며 밥을 깨끗이 먹고 흘리지 않도록 주의시킵니다. 그런데도 아이는 계속 밥을 흘리게 되고 먹는 밥그릇도 깨끗하지 못하며 밥알이 남아 있습니다. 그러면 아버지는 '이놈아! 아버지 어렸을 때는 쌀이 귀해서 밥 한 톨이라도 남기지 않고 싹싹 쓸어 먹었다. 빨리 쓸어 먹지 못해!' 라고 야단을 칩니다. 혹은 다른 비슷한 내용으로 호되게 야단을 치지요. 그러면 어머니는 대뜸 '지금이 조선 시대예요. 아이 기죽는데 무슨 소리를 하는 거여요.'하고 소리를 지릅니다. 이렇게 되면 아이 교육이 아니라 부부 싸움이 되고 오히려 아이들에게 비교육적인 모습들을 보여주게 됩니다. 이런 불협화음이 생겨서는 안되겠지요.

 설사 그 상황에서 아버님, 어머님 중 어느 한 분의 교육적인 생각이나 행동이 잘못 되었다고 할 지라도 아이 보는 앞에서 부부간에 서로 면박을 주거나 대뜸 반박하는 것은 옳지 못할 뿐만 아니라 아이에게 혼돈만 가중시키는 결과를 초래하게 됩니다. 그럴 경우 부부만의 시간에 그 이야기를 꺼내서 서로의 의견을 나누거나 수정하는 것이 바람직하다고 봅니다.

 아이들 앞에서는 부부의 장점을 많이 얘기하는 것이 좋겠습니다. '너희 아빠는 이런 이런 점이 좋다. 너희 엄마는 이런 점이 좋다.'라는 말을 자주 해서 아이로 하여금 적어도 우리 부모님은 서로 존중하며 언제나 당당하시고 자랑스러운 부모님이라는 생각을 아이들에게 심어 주어야겠습니다. '누구를 닮아서 그 모양이니, 그러면 그렇지 누구 자식인데 오죽 할라고……'하는 식의 서로를 깎아 내리는 비방의 소리를 듣고 자란 아이가 부모님에 대해 어떤 생각을 가지며 평소에 어떻게 대할지는 불 보듯 뻔한 일입니다. 부부간에 서로 존중하는 모습을 보고 자란 아이와 부모님의 일관된 교육관 아래 자란 아이는 올바른 가치관을 형성합니다.
 아이들에게도 새로운 것을 배우고 익힌다는 것은 참으로 중요한 일입니다. 그런데 우리는 새로 배우고 익히는 것을 지식적인 것에만 국한하여 생각하는 것 같습니다. 때론 팔을 걷어붙이고 집안일을 돕는 일, 시골의 논밭에서도 스스럼없이 김매기를 할 수 있는 정서를 심어주는 것도 중요합니다.
 이론적인 배움도 중요하지만 경험과 직접적인 체험도 지식 못지 않게 중요합니다.
 땀흘려 일하는 모습이야말로 인간의 가장 아름다운 모습 아닙니까?

있는 그대로의 인간교육

　생활에 있어서 사물의 내면을 들여다 볼 수 있어야 한다는 사실이 새삼 되새겨지는 때입니다. 겉으로 드러나는 아름다움에 취해서 속에 있는 진실을 파악하지 못하여 나중에 후회하게 되고 절망감에 빠져드는 경우가 허다합니다. 겉으로 보이는 아이보리 색의 목련은 봄의 전령이라고 할 수 있을 만큼 아름답지만 제 수명을 다하면 힘없이 떨어져서 길바닥에 나뒹구는 하찮고 지저분한 존재에 지나지 않게 됩니다.
　사람의 경우도 마찬가지인 것 같습니다. 겉모습에서 풍겨 나오는 인상만을 중요시 여기고 그것만이 전부인양 바라보다가 나중에 드러나는 그 사람의 추한 모습에 실망합니다. 상대방도 마찬가지지요. 사실은 내 모습은 이것이 아닌데도 불구하고 어떤 상황이나 사람들이 나를 이렇게 보고 있으니까 어쩔 수 없이 그 사람들이 보와 주는 관점대로 행동하다가 자기 자신을 잃어버리는 경우가 많이 있습니다.
　전통적인 교육에서 추구하며 대부분의 사람들이 말하는 교육은 좋은 것을 통하여 감화시킨다는 것입니다.

좋은 것을 통하여 상대방을 교육시키는 것은 올바른 교육이라고 할 수 있습니다. 하지만 그것이 전부일 수는 없습니다. 어떤 이는 아이들에게 나쁜 것은 보여주지 말고 좋은 것만을 가르치고 좋은 것만을 보여 주어야 한다고 주장합니다. 물론 그렇게 된다면 전통적인 교육의 목적은 달성하겠지요. 하지만 현실은 그렇지 못합니다. 사회에는 좋은 환경만 있는 것이 아니라 아이들이 받아들이기 힘든 사회 환경이 있을 수 있습니다. 그렇다고 해서 그 나쁜 환경들을 찾아다니며 다 막아 줄 수는 없습니다. 더군다나 더 힘든 것은 좋은 면들을 보여준다는 이유로 우리 어른들은 얼마나 가식적인 행동을 보여주고 있고 그 행동들로 인해 얼마나 힘들어하는지요. 더군다나 가르친다는 입장에 서다 보면……. 자신의 몸이 피곤하고 때론 화가 나지만 아이에게 멋있는 아빠 좋은 아빠가 되기 위해서 피곤해도 놀이동산에 가야되고 화가 나도 웃어야 하는 때가 많지요. 바로 좋은 것을 보여주고 좋은 아빠 좋은 남편이 되어야한다는 짐 때문에……. 또한 나는 아이들의 모델이기 때문이지요. 교사인 저도 그렇습니다. 때론 화가 머리끝까지 나도 참아야 할 때가 많습니다. 왜냐하면 나는 교사이기 때문이라는 이유입니다.

사람들은 교육을 담당하는 스승이라 하면 항상 모든 일에 뛰어난 능력을 지닌 사람이며 강한 의지력이 있으면서도 어떤 일에서든지 해결점을 제시해 줄 수 있는 사람이어야 한다고 생각하고 있습니다. 즉, 사회구성원들이 믿고 의지하며 더 나아가 모델이 될 수 있는 사람들로 생각하지요. 그래서 일반사람들에게는 뭐 저런 사람도 있겠지 하는 심정으로 이해가 되는 일들도 선생이라는 이름이 들어가면 조그만 실수도 사회적으로 문제화되었습니다. 그것은 사회모델이라는 이유 때문일 것입니다. 저도 선생이 사회 모델이 되어야한다는 의견에는 찬성합니다. 일단은 스승은 존경받는 인물이어야 하니까요. 하지만 선생이라는 이유로 모든 사회악을 짊어질 수는 없다고 생각합니다. 선생도 한사람의 인간이니까요? 그래도 인간적인 교육을 하려고 하는 선생들의 고민 중 가장 큰 것은 '나는 왜 이렇게 무능력할까?' 하는 회의와 자책감이라고 합니다. 그것은 자기 능력이상으로 자기를 신화 시켜서라고 보여집니다. 교사도 때로는 인간이라고 본다면 그렇게 큰 자책감은 느끼지 않을텐데요.

그래서 저는 때로 화가 나거나 속이 상하거나 어떤 일이 잘 안될 때 얘기합니다. 때로는 저의 고민도 얘기하지요. 이런 일들이 매번 반복되어서는 안되겠지요. 하지만 가끔씩 이런 이야기를 해주어야 아이들도 상대방의 사정을 알 수 있고 선생님이 또는 아빠가 엄마가 왜 저런 이야기를 하는 지 이해를 하게 되며 자기 자신을 추스르게 되는 계기가 됩니다.

어른의 고민이나 어려운 상황을 아이들이 어떻게 이해할 수 있을까 생각하겠지만 그것은 기우(杞憂)에 지나지 않습니다. 아이들도 '어떻게 설명해 주느냐!' 가 문제지 다 이해하고 판단할 수 있는 능력이 있습니다. 보여주지 않는 것보다는 나쁜 환경을 올바르게 인식할 수 있는 능력을 길러주는 것이 중요합니다.

때로는 어머님이나 아버님이 처한 힘든 환경을 이야기하십시오.

숨기고 가식적인 웃음을 지어 보이는 것보다는 오히려 이야기하는 것이 아이를 인간적인 사람으로 성장시킵니다. 때론 이영자보다는 황수정이 좋다고 말할 수 있는 부모님이었으면 합니다. 그런 일들로 해서 아이들이 솔직해질 수 있다고 생각됩니다.

아이들과 생활하다 보면 답답할 정도로 자기 몸에 거미줄을 감고 살아가는 아이들이 많습니다. 자기 속마음이 들여다보이고 속으로 그렇게 생각하지 않고 있는 데도 선생님이 이런 대답을 하면 싫어한다는 생각이 있어서 인지 눈치를 보면서 자기 생각과 무관한 답을 제시합니다. 특히 도덕수업에서 그렇습니다. 그럴 때면 좋은 쪽에 답한 것이 기특한 생각이 든다기보다는 답답함을 느낍니다. 속이 훤히 들여다보이는데도 이렇게 답하는 이유는 무엇일까요? 아이들의 개인 성향이라기보다는 성장과정에서 영향을 미쳤던 사람들의 가식적인 행동과 그렇게 해주기를 바라는 욕심에서 비롯된 것입니다. 그런 아이들은 도덕적으로만 옳은 답을 이야기하면 칭찬을 받고 도덕적이지 못하지만 솔직한 답을 하거나 이상한 답을 하면 외계인 취급을 하는 과정을 거쳤기에 '아! 선생님이 이런 답을 하면 예뻐하시는구나!'를 알게 되었고 선생님이나 부모님이 보이는 가식적인 행동에서 자연스럽게 잘못 되거나 거짓된 행동과 답을 배우게 된 것입니다. 이런 과정이 누적되어 정말 진심을 담아서 이야기해도 그 마음을 의심하게 되는 것입니다. 시험보지 못한 것에 대해서 또한 1등을 하지 못한 것에 대해서 위로를 해도 대답이나 행동은 "엄마 고마워"하지만 자기 방에 가서는 '사실 엄마는 나를 위로하기 위해서 그런 말을 했지 진심은 아닐 거야!'하고 생각하게 되겠지요. 이 아이들은 결국 사람의 말을 진심으로 받아들이지 못하게 됩니다.

　우리가 어렸을 때 어머니께서는 당신 자신의 이로 밥을 한번 으깨어서 입안에 넣어 주시다가 점점 그 으깨어 주는 횟수를 줄여서는 나중에는 혼자서 밥을 먹게 했습니다. 큰 것은 잘게 부수어 주시고 작은 것은 그냥 받아들이게 했지요. 그런 과정이 되풀이되는 속에서 자연스럽게 어른들의 밥상의 세계로 나왔던 것처럼 아이들에게도 처음에는 다 소화해서 조금씩 주고 점점 큰 것은 잘라주고 작은 것은 그대로 보여주면서 아이들이 점점 어른의 올바른 세계를 받아들일 수 있도록 하는 훈련이 필요합니다. 조금씩 어른의 힘든 세상도 보여주는 것이지요.

　우리는 아이들에게 좋은 환경을 제공한다는 이유로 참 많은 노력을 합니다. 그것이 자연스러운 과정 속에서 이루어진다면 문제가 없겠지만 그것이 억지가 될 때는 오히려 비교육적이 되고 아이들이 남의 눈치나 살피게 되며 남을 한번 더 의심하게 되는 결과를 낳는다는 것입니다. 아이들에게 때로는 어른들의 힘든 사정(옛날 이야기가 아닌)도 이야기합시다. 아이들이 세상을 올바르게 바라보고 판단할 수 있는 인간적인 사람이기를 원한다면 우리가 먼저 있는 그대로의 인간의 모습을 보여주어야겠습니다.

원리를 중시하는 교육

　바쁘게 살아가는 동안에도 여기 저기서 봄 내음을 맡을 수 있어서 계절의 변화를 느끼게 됩니다. 그러나 갑작스레 찾아오는 꽃샘추위라는 불청객이 봄의 행진을 잠시 주춤하게 합니다. 그렇다고 해서 우리는 꽃샘추위를 단순히 불청객이나 망나니 격으로 보아서는 안 되겠습니다. 꽃샘 추위가 왔다고 해서 봄이 오지 않는 것은 아니니까요. 오히려 그 갑작스런 추위로 인해 봄을 더 기다리게 되고 봄의 따사로운 햇살을 더 고마워하게 되니 그 깨달음에 대한 감사를 드려야겠지요.
　꽃샘 추위는 봄에게 있어서 불청객이 아니라 오히려 그 가치를 더욱 더 빛나게 하는 역할을 한다고 할 수 있습니다.
　현 교육에 있어서 잘못된 시각 중의 하나가 많이 하고 어려운 것을 풀면 그에 따라서 지식도 쌓이게 되고 결과적으로 아동이 우수한 사람으로 길러진다고 생각하는 학부모들과 일부 교육자들 -특히 양적 교육에 종사하는 사람들이 있습니다. 그런 방법은 단기적으로 성적을 높이는데는 효과가 있다고 볼 수 있을지 모르지만 장기적인 안목에서 보면 학습에 대한 기둥이 부실하게 되고 기둥을 갉아먹는 결과를 낳습니다. 흔히 말하는 것처럼 교육은 단기적인 효과를 바라보고 행하지 않습니다.

그런데 얼마 전까지만 해도 속셈학원에서 운영하는 교육 방법들이 인기가 있었습니다. 방법은 둘째치고 라도 단기간에 성적이 오르니까요. 우리나라 사람들은 결과에 치중하는 사람들이 많아서 그 방법적인 측면은 차치하고 결과만 좋으면 다 차용하거나 수용하는 버릇이 있습니다. 설사 어느 의식 있는 사람이 "높은 성취도에 대해 방법적인 측면이 잘못되었다."고 지적한다할지라도 양적 교육의 종사자들이 "결과(성적)가 좋게 나오지 않았냐!"고 반격을 가하면 그 사람도 아무 말 못하고 입을 다무는 일이 허다합니다. 그래서 아무 말도 하지 못하고 벙어리 냉가슴 앓듯하며 그런 교육 방법을 따라 해야 했습니다. 어쨌든 눈으로 보기에 성적은 오르니까요. 하지만, 지금은 그런 교육 방식들이 아이들의 창의력을 죽이고 생각하지 못하는 기계적인 아이로 만들고 있으며 단기적인 효과와 금방 결과를 바라는 성급함을 지닌 아동을 길러내는 데 한 몫하고 있다는 지적을 받고 있습니다.

학교에 찾아오시는 일부 학부모님은 아직도 학원식 방법을 원하고 있습니다. 당장 성적이 올라가는 게 눈에 보이니까요. 그래서 그 부모님은 교과서의 문제보다는 시중에 나오는 문제집을 선호하고 아이들에게 적당한 문제집은 무엇인지 물어봅니다. 그래도 이런 학부모님은 양호합니다. 어떤 분은 어렵고 특이한 문제집을 소개해 줄 것을 원하고 또 어디에서 구입하는지를 물어봅니다. 왜 그런고 하면 교과서 탐구에 신경 쓰는 시간이 아까우며 그 시간에 다른 문제를 풀어야겠다는 것입니다. 그리고 점점 문제가 어려워져 난이도가 높고 특이한 문제를 많이 풀어야 하기 때문이라고 합니다.

정말로 근래의 문제는 어려워졌고 교과서를 푸는 것이 시간을 낭비하는 것일까요. 그 답은 간단합니다. 아닙니다. 문제의 난이도가 높아 졌다기 보다는 같은 원리에 대해 좀더 발전적으로 또는 깊게 생각하도록 교과서가 구성되었기 때문에 교과서 문제를 충실히 하는 것이 수학적 학습력을 키워가고 높이는 역할을 합니다.

예를 들면 초등학교 6학년에서 배우게 되는 방정식은 사실은 학생들이 초등학교 1학년 때 배운 것을 다시 복습하는 것입니다. 그리고 중학교나 고등학교에서 배우게 되는 이항의 문제도 그렇습니다.

'□+5=7 '이라는 문제는 하나의 방정식이라고 하겠습니다. 'X+5=7' 과 같은 문제이니까요. 그리고 이항의 문제에서 '□를 풀기 위해 5를 우변(오른쪽)으로 넘겨서 7에서 빼주었지요. 즉 □=7-5라는 식을 세우게 했습니다. 그리고 이렇게 설명하셨을 겁니다. "어떤 수에 '5'를 더해서 7이 되는 수를 찾아보세요."라고 말하거나

"위에서 □를 구하려면 답(7)에서 더해주는 수(5)를 빼주는 거여요."라고 설명을 해주었을 것입니다. 여기에서 우리가 초등학교 1학년 때 배울 때는 이항이니 미지항이라는 말이 어려울까봐 또 이항이라는 개념을 연관시키지 못해서 설명하지 않았을 뿐입니다. 1학년은 아직 이항이나 방정식에 대해 모르니까 이렇게 공부하지

요. 사실 이 방법도 주입식 학습법에 속하지만요.

  수학은 개념이 연관을 맺고 있어서 처음에 배운 내용이나 개념들이 상위의 것에 연결이 되어 있다는 것입니다. 따라서 초등학교 저학년이나 6학년의 학생들도 중학교나 대학교의 수학 문제를 풀 수 있다는 것입니다. 용어를 정의하는데 있어서 통일이 되지 않았다는 것과 문제에 이해하지 못하는 말들(특수 용어나 영어말 등)이 있다는 것만 해결된다면 말입니다. 즉 영어 말을 풀이해 주고 X가 □로 바뀐 것처럼 정의하는 개념만 초등학교 수준에 맞추어졌다면 아이들은 고학년 고난도의 문제도 해결하리라 봅니다.

  교과서에서뿐만 아니라 문제집도 마찬가지입니다. 기본 원리에서 살이 붙은 것이고 용어를 달리한 것뿐입니다. 결코 어려운 것이 아닙니다. 그런데도 학부형들은 자꾸 어려운 문제만 찾고 있습니다. 저로서는 이런 분들을 뵐 때면 안타까울 따름입니다. 그래서 요즘 학부형의 조급한 심리를 뚫고 들어오는 발빠른 학습지도 유행하고 있습니다. 요즘 한참 인기를 얻고 있는 재능수학, 눈높이 교육 등의 학습지 시리즈가 대표적이라고 볼 수 있습니다. 그것들은 창의성을 살리지 못한다고 지적하는 일부 학부모님의 항의를 막기 위해 주 캣츠 프레이즈로 '미래를 생각하는 학습지' '창의성을 키우는 학습지'라고 선전하고 있습니다. 그래서 양적 질적 교육을 선호하는 사람들 모두에게 만족하게 하는 학습지로 평가받으려 하고 있습니다. 하지만 그 문제지를 조금만 신경 쓰고 들여다보면 기존 문제와 하나도 다를 것이 없습니다. 오히려 그것은 창의력을 죽이면 죽였지 살리지 못하는 학습지라고 볼 수 있습니다. 학습지의 내용을 살펴보니 계속 같은 형식의 문제만 반복적으로 나오고 있었습니다. 그래서 어지간한 문제는 거의 외우다시피 하겠금 되어 있더군요. 그래서 수준이 높은 아이들은 그 학습지를 몹시 지겨워합니다. 그래도 일주일에 몇 번 선생님이 와서 봐주니까 부모님은 안심하고 맡기는 것입니다. 그리고 학습지가 고난도의 문제라고 평가받는 것은 1학년 학습지에 2학년말이나 3학년에 가서 배울 내용을 실어 놓는다는 것입니다. 가만있어도 2학년이나 3학년에 가서 배울 것을 문제의 난이도가 높다는 것으로 평가받기 위해 후속 학습의 내용을 실어 놓는 것입니다. 먼저 배우는 것이 나쁘지는 않으나 이 학습지는 반복 학습을 시켰기 때문에 수업시간에 배우게 되면 지겨워서 수업에 집중하지 못합니다. 학습지를 통해 지겹도록 반복학습을 했는데 수업시간에 또 하니 복습이 이루어지는 것이 아니라 배울 그 학년에 가서는 지겨워서 수업에 집중하지 못하는 것입니다. 그렇다면 학교에서는 그 학생이 수업을 듣지 않고 다른 문제집을 풀면 다행이나 장난을 치게 되고 수업에 장애를 줍니다. 그래서 그 단원에서 핵심적인 원리나 문제를 다르게 푸는 방법을 알려줄 때는 놓치게 됩니다. 더 문제인 것은 그런 학습 태도가 다른 교과의 수업에 연결됩니다. 그래서 결국 수업에 집중하지 않고 건성으로 넘기는 예가 많습니다. 선수 학습(예습)은 간단한 핵심파악 정도로 그치는 것이 좋습니다. 오히려 중요한 것은 예습보다 복습입니다. 자기가 배운 것 수업 시간에 선생님이 알려준 방법들 또 자기가 다른 방식으로 생각한 방법들을 다시 한 번 학습해서 자기 것으로 만드는 것이 더 중요합니다.

교과서는 중요한 학습 자료입니다. 교과서에만 얽매인다면 문제가 있지만 교과서는 학습의 방향을 알려주는 나침반이며 이정표입니다. 교과서에서는 학습의 원리를 알아내고 문제를 해결하는 방법적인 것을 생각하고 해결하는 것을 배우게 됩니다. 왜 이것을 배우고 문제에 대한 원리나 풀이 방법, 개념을 학습한 후에 문제를 푸는 것이 바람직하겠지요. 따라서 교과서에서 충분히 원리와 방법을 터득해야 다른 문제에서 응용을 할 수 있습니다.

성급한 마음을 먹고 어려운 문제부터 풀면 더 빨리 더 높게 갈 수 있을 것이라고 생각하는 사람이 많은데 그것은 잘 못된 생각입니다. 한 예로 성인이라면 누구나 보게 되는 운전 면허 시험이 있습니다. 주위에서 운전 면허 시험을 보는 사람을 자주 접할 수 있습니다. 그 사람들 중에는 젊은 사람들도 있고 나이든 사람도 있습니다. 그런데 대부분의 젊은이들은 합격하나 나이든 사람들은 웬일인지 낙방만 합니다. 수입인지 붙이는 곳에는 남에게 보여주질 못할 정도로 우표만 잔득 붙여져 있고요. 이거 창피해서 원! 하고 불평하는 사람을 볼 수 있습니다. 그 사람들은 왜 떨어질까요. 그 떨어지는 사람들을 보면 나이가 들어 학습력과 기억력이 감소했다기 보다는 공부 방법이 잘못되어 있더군요. 제가 아는 아저씨 한 분도 수 차례 실패를 보았습니다. 옆에서 가만히 운전 면허책을 보는 것을 살펴보았습니다. 그런데 어떻게 공부하냐 하면 이론은 무시하고(안 보고) 문제부터 푸는 것입니다. 그리고 아예 그 문제를 외우는 것입니다. 언제 이론을 공부하고 문제를 푸냐는 것입니다. 어차피 이론은 문제에 있고 그 문제에서 시험이 출제되니까요. 무조건 문제만 외우면 된다는 것입니다. 그러나 처음에는 그것이 외워지는데 문제를 계속 더 풀거나 다음에 다시 할 때는 헷갈린다는 것입니다. 이것이 이것 같고 그리고 이 문제는 왜 이렇게 되는지 모르겠다는 것입니다. 이제는 이론을 공부하기에는 시간이 부족하고요. 그래서 결국 시험장에 가서 문제에 글자만 조금 바뀌어 나오면 헷갈려서 문제를 풀 수 없다는 것입니다. 이론부터 공부하지 않고 문제부터 푸는 그런 과정이 되풀이되니 실패는 계속되는 것입니다. 문제부터 풀면 시간을 절약하고 더 많은 것을 알 것 같지만 결국에는 실패하는 지름길이며 시간을 더 잡아먹게 됩니다. 문제를 풀기 전에 원리를 충분히 습득해야겠습니다. 그런 부분에서 교과서는 최고의 학습서이며 안내자입니다.

　작년도 경기도나 다른 지역의 평가 경향과 그에 따른 결과들을 알아보면 출제 문제의 범위가 교과서 중심입니다. 교과서의 문제를 얼마만큼 이해하고 응용할 수 있느냐를 평가하는 문제들이었습니다. 그 결과로 매번 어려운 문제만 접하고 괜히 교과서의 문제는 무시한 아동들(탐구반)은 좋은 점수를 받지 못했습니다. 오히려 그런 아동들보다는 수업시간에 집중해서 듣고 교과서를 열심히 한 학생들의 점수가 월등히 나왔습니다.

　그 원인을 알아 본 결과 그 아이들은 교과서를 무시하고 교과서를 집에서 공부하지 않는다는 것입니다. 사실은 교과서는 제일 좋은 참고서이고 학습서입니다. 더구나 원리를 찾아내고 깨우치는 자료로서 교과서만큼 좋은 자료는 없습니다. 이것은 명문 대학에 합격한 학생들의 소감에서도 나타납니다. 공부를 어떻게 했냐고 하면 대부분 그 친구들은 교과서 중심으로 원리를 깨우치면서 했다고 합니다. 한결같이 그렇게 얘기해서 누가 시킨 것처럼 보이지만 저는 그렇게 보지 않습니다. 그 학생들의 말이 옳으니까요. 정말 어떤 응용 문제가 나와도 두렵지 않을 것입니다. 그렇다고 전적으로 교과서에만 의존하라는 말은 아닙니다. 교과서를 중시하라는 것은 적어도 교과서에 나오는 문제가 무슨 의도이고 어떤 원리를 깨우치라는 말인가를 파악한 다음 문제집을 들어가라는 얘깁니다.

특히 수학에 있어서 원리는 매우 중요합니다. 그리고 그 원리에 접근하는 것으로 한 가지 방법에 치우치지 말고 다양한 방법을 생각하면서 그 원리에 접근해 가야 합니다. 교과서의 원리나 개념을 무시하고 문제만 풀면 다음과 같은 문제에서 어떻게 해결할 지 난감해 합니다. 예전에 경기도 수학 경시대회 4학년 산수 문제였습니다.

「꽃 568송이가 있다. 8송이씩 묶어 간다면 몇 묶음이 될까? 식을 세우고 답을 써라」라는 문제가 있었습니다.

이 문제는 개념을 알고 나면 참 쉬운 문제입니다. 즉, 묶음이 나누기의 개념인 것을 알면 1568을 8로 나누어주면 해결되는 것을 문제집만 풀어보고 어려운 문제만 풀어 본 학생들은 묶음이라는 말을 어떻게 식으로 나타내야 할 지 난감해 합니다. 그래서 공부를 꽤 한다는 녀석도 손도 못대고 있었습니다. 곱하기를 하는 학생 빼기를 하는 학생 등 어떻게 해야 좋을 지 감을 못 잡는 학생이 많았습니다. 나누기의 개념이 여러 가지 의미를 포함하고 있다는 것-쪼개어 간다. 묶는다. 단위 수만큼 줄여간다 등-을 알았다면 이 문제를 식은 죽 먹기로 해결했을 것입니다. 그런데 계속 문제집만 반복적으로 푼 학생들은 문제는 읽어보지 않고 숫자끼리만 더하거나 곱하려고 한다는 것입니다. 바로 이런 점이 반복학습의 문제입니다. 이것도 해당 단원에서는 문제를 해결하는 데 한 방법이겠으나 단원이 섞여 나오는 평가(더하기 곱하기 나누기 빼기가 모두 나올 수 있는 평가)에서는 곤란을 겪게 될 것입니다.

 제가 보는 견해로는 이제는 모든 교육에서 원리를 중시해야 한다고 봅니다. 그리고 현재도 점점 원리를 중시하는 방향으로 바뀌고 있고요. 예전의 교육은 될 수 있으면 다수의 학생이 보다 많은 지식을 얻어서 빠른 시기에 효과를 보게 하는 그러한 교육이었습니다. 하지만 지금의 교육은 질적으로 생각을 요하고 확산시키는 교육을 시키며 결국에는 학생이 원하고 학생에게 필요한 지식을 가르쳐야 한다는 쪽으로 기울고 있습니다. 그리고 그 결과도 장기적으로 바라보고 있습니다. 그래서 핵심적이고 기본적인 원리를 중시하고 그 원리를 연결시키는(Paradigm화) 방법을 지향하고 있습니다. 그리고 당연히 그렇게 되어야 하고요. 그러므로 가장 기본이게 하는 원리와 방법 그리고 왜 이 문제를 푸는가 하는 것을 먼저 가르쳐야 하겠습니다.

 왜 대나무는 나이테가 없을까요? 그것은 너무 빠른 성장을 했기 때문입니다. 키는 크겠지만 속이 텅빈 허상에 불과 합니다. 그래서 비바람에 쉽게 흔들리는 나무가 돼버립니다.

아이들의 교육도 느리지만 하나 하나 원리라는 단계를 밟아 올라가며 꼼꼼하게 나이테를 만들어 가야겠습니다.

따라서 집에서 아동들의 학습지도를 할 때 처음부터 어려운 문제를 접근시키려 하지말고 교과서를 중심으로 기본적인 원리를 확실하게 안 후 문제 풀이로 들어갈 수 있도록 지도해 주십시오. 그리고 위에서 나누기의 예처럼 어떤 개념이나 원리·방법적인 측면에 대해서 한 가지만 외우는 식으로 알고 있게 하지말고 다양한 개념과 풀이 방법이 있으며 그런 풀이 방법을 습득할 수 있도록 지도하여 주시기 바랍니다.

공부는 왜 해야하는가?

 청초한 젊음을 상징하는 여름입니다. 개울가에는 수양버들이 한창 물을 머금고 사람들의 눈길을 기다리고 있습니다. 6월도 얼마 남지 않았습니다. 6월이 지나면 일년의 반이 지납니다. 한 해의 시작을 제대로 한 사람은 벌써 많은 것을 얻었겠지만 그렇지 못한 사람은 지금쯤 작은 불안감을 느낄 것입니다. 그러나 크게 염려할 일은 아닙니다. 아직도 올해는 반이나 남아 있으니까요. 시작이 반이고 여기에 반이 남아 있으니 지금 다시 시작한다면 올해가 끝날 때는 온전한 하나를 얻을 수 있을 것입니다.
 벼농사를 시작하는 농부의 정성을 생각하면서 두려움 없이 의심하지 말고 새로운 시작을 하도록 합시다.
 이번 통신에서는 좀 더 자연스럽게 공부에 접근하게 하는 방법과 바른 공부 지도에 도움이 될 수 있는 방법을 말씀드릴까 합니다.
 아이들의 가장 큰 근심거리는 무엇일까요?
 대학교 때 논문(과외 학습이 아동의 정서에 비치는 영향에 관한 연구, 동아일보 1992. 10. 1일자 12면)을 쓰면서 조사한 결과는 도

시와 농촌 아이들 모두 공부에 관한 것이었습니다. 공부를 잘하는 아이나 못하는 아이 모두 성적이 떨어지고 부모님이나 선생님께 야단 맞는 것 그리고 어떻게 하면 공부를 잘해서 그 야단을 안 맞을까? 라는 고민이었습니다. (아동 983명 중 도시·농촌 아동 719명으로 전체아동의 73.1%가 성적이 고민)

이렇게 많은 어린이들의 걱정거리인 공부는 싫다고 해서 안 할 수 없는 것이죠?

어떤 부모님은 내 아들·딸들은 공부를 못해도 사람만 좋으면 되니 공부하건 안 하건 내버려둔다고 합니다. 아동에게 자율성을 주는 것은 중요합니다, 하지만 마음대로 하게 하는 것이 자율성은 아니라고 생각합니다. 공부를 하기 싫어한다고 '그래, 너 하기 싫은 것이니까 하지 마라! 네 인생은 네가 책임지는 것이니까?'하고는 아이에게 전적으로 맡겨 버립니다. 이것은 과연 옳은 방법일까요?

성장해서 잘못된 길을 걸어왔다고 후회하고 공부 안 했다고 후회하면서 부모님을 원망하면 이미 때는 늦습니다. 아직 아이들은 미래와 자신에 대해서 생각하는 힘이 부족합니다. 미래를 생각하고 자기 자신에 대해 생각할 수 있는 힘과 자율이 무엇인지에 대해 가르쳐 주어야 합니다. 그리고 나서 '자율'을 하도록 해야지요. 자율이 무엇인지도 모르는 데 자율을 하겠습니까? '자율'이라는 것은 자기 자신의 행동에 대해 책임을 지고 자기 스스로의 행동을 조절하는 것을 말합니다.

현재 우리나라 교육의 흐름을 보면 열린 교육을 하면 모든 교육 문제가 해결되는 것인 양 잘못 생각하고 있는 사람들이 많습니다.

도덕성을 회복하고 인간성 상실의 극복 방안으로 교육제도를 개선하려고 하는 마당에 마침 그 계획과 비슷한 방법이 있어서 무조건 내세우는 모양입니다.

그런데 그 도덕성과 인간성을 회복하는 교육 방법이 너무나 한쪽에 치우쳐서 시행되고 있으니 시도는 좋지만 무엇이 좋고 나쁜지 눈을 뜨고 적용을 해야 하는데 그렇지 못해 걱정입니다.

종합생활기록부를 만들어 내고 법정 봉사 시간을 만들면 인간성과 도덕성이 길러진답니까? 정말 걱정입니다. 며칠 전 신문을 보니 내신 성적 산출에 동점자가 많아 동점자를 없애라는 지시가 있고 봉사활동의 하나로 중학생도 농활(주로 대학생들이 했던 농촌 봉사 활동)을 가게 한다고 합니다. 모두다 사려 깊지 않은 정책의 뒷모습이라 생각됩니다. 새로운 내신 성적을 산출하기 위해서 학생들은 다시 공부해야 하고(암기 식의 공부라 다 잊어 버렸기 때문) 선생님들은 그 많은 학생들의 성적을 소수 몇 째 자리까지 계산해서 동점자가 안 나오도록 해야하겠지요. 또 농촌의 바쁜 일손을 도와주는 것은 좋지만 제대로 교육 안 된 학생들이 농촌에 주는 피해는 얼마일는지요.

어쩌면 우리는 외국의 한물간 교육 사조를 받아들이고 있는지도 모르겠습니다. 미국의 경우 자연주의나 아동 중심의 교육을 강조하다 보니 문맹률이 개발 도상국의 그것보다 훨씬 웃돌고 있어서 다시 지식 중심 기초 중심으로 되돌아가고 있는 실정인데……. 우리나라는 기본과 지식을 버리고 교실만 연다고 하고 있으니 문제입니다. 정말 아동 중심이나 생활 중심으로 간다면 좋은 일입니다. 환경이나 교수법(가르치는 방법), 예산은 그대로 둔 채 교실만 열어 놓고 학습지만 많다면 오히려 역행하는 것입니다.

정말 제 생각은 열린 교육에 투입하는 비용으로 교실을 늘려 학급 인원수를 줄인다면 열린 교육을 하지 말라고 해도 자연히 열린 교육이 이루어지고 개별화 교육이 될 것입니다. 인원수가 많아 하루에 눈 한번 못 맞추는 학생이 많으니까요.

전인적 인간은 지식과 덕 체력이 겸비된 사람입니다. 그런 전인적 인격체를 기르려면 덕과 체력 못지 않게 지식도 중요합니다. 무엇인가 배울 때 예절도 따라온다고 봅니다. 옛날 어른들은
"배운 사람이 왜 그래! 또 배운 사람이 더 해! 배운 사람이 그러면 안 되지"
라는 말씀을 하십니다. 그 말속에는 배우면 자연이 바른 예절과 몸가짐이 갖춰지는 것이고 그렇게 해야 한다는 말뜻을 지니고 있습니다.

저는 가끔 아이들에게 이렇게 얘기합니다.

놀이를 강조하고 특별한 행사를 자주 한다고 해서 '선생님은 공부를 중요하게 생각지 않으시는구나'하고 생각한다면 큰 잘못이다. 공부는 너희들 인생에 있어서 중요하다. 자기에게 필요한 공부를 하도록 해라. 예체능을 해도 마찬가지이다. 존경받고 계속 인기를 누리는 연예인은 공부하는 사람이다. 특히 자기 분야에 대해서 전문가라는 생각을 가지고…….

사람들이 머리에 든 것 없이 얼굴만 예쁜 연예인을 좋아하는 것

은 한 순간이지만 자기 자신을 계발하려 노력하는 연예인은 계속 인기를 누린다.

이렇게 자기인생에 필요하며 안 할 수 없는 공부를 아이들에게 어떻게 하면 거부감 없이 받아들이도록 할 수 있을까요? 자연스럽게 사물과 연관시켜서 말해주는 것이 좋겠습니다. 저는 물과 연관시켜 설명해 주었습니다.

어느 날 아침 조회 시간에 당번에게 물을 떠오게 하였습니다. 교탁에 놓고 앞자리부터 죽 먹게 했습니다. 영문도 모르는 아이들은 선생님이 물을 먹으라는 소리에 의아해 하면서도 재미있다는 듯 물을 먹었습니다. 어떤 아이는 또 먹어도 되냐고 해서 먹고 싶은 대로 먹으라고 했습니다. 모두 먹을 만큼 먹고 자리에 앉았습니다.

"어때 물이 맛있냐?" 했더니 여러 반응이 나왔습니다. 물이 맛있었다는 사람, 그냥 그랬다는 사람, 맛이 없었다는 사람……. 모두 손을 들어보게 했습니다. 그리고 그 상황에 대해 공감할 수 있는 시간을 가졌습니다. 물이 맛있었던 사람은 지금 물이 먹고 싶었거나 아침에 물을 먹지 않은 사람 일거고 그냥 그런 사람은 생각 없이 선생님이 물을 먹으라고 하니까 먹은 사람 일거고 물이 맛이 없었던 사람은 아침에 물을 많이 먹었던가 아니면 정말 먹고 싶지 않은 데 선생님이 먹으라고 하니까 억지로 먹은 사람 일게다.

정말 물이 먹고 싶고 필요해서 먹은 사람은 맛있었지만 그렇지 않은 사람은 그 물을 먹었어도 별 의미가 없었다. 그런데 우리 몸을 구성하는 요소 중 가장 많이 차지하고 있는 것은 물이다. 그만큼 중요하다. 그러나 우리는 따로 물을 먹지 않아도 다른 음식물에서 섭취가 된다. 따라서 먹기 싫으면 먹지 않아도 된다. 하지만 우리가 원활하게 활동하고 우리 몸을 더욱 건강하게 하려면 물을 많이 먹어야 한다.

우리가 매일 무의식적으로 하고 있는 공부도 마찬가지라고 생각한다.

자신이 정말 공부하기 싫거나 부모님이 억지로 시켜서 마지못해서 하는 공부는 정말 재미없고 하기 싫다. 또 아무런 의미나 생각 없이 하는 공부는 정말 자신이 공부를 하면서도 내가 무엇 때문에 공부하는지도 모르겠고 해도 능률도 오르지 않는다. 또한 자신에게도 별 도움이 되지 않을 뿐 아니라 아무 의미가 없다. 하지만 자신이 정말 하고 싶어서 또 재미가 있어서 자신의 미래(꿈)를 생각하면서 하는 공부는 의미가 있고 정말 재미있다. 그리고 신나서 공부도 잘된다.

우리 몸에 물이 필요하지만 따로 물을 먹지 않아도 생명에 지장이 없는 것처럼 공부도 중요하지만 안 해도 인생을 살아갈 수 있다. 공부가 그 다지 필요 없는 직업(낮은 자리의 직업)의 사람으로……. 하지만, 좀더 자기 자신에게 의미 있게 살아가려면 좀더 나은 자리에 있어야 하지 않겠냐? 그러기 위해서는 자기 스스로 공부를 해야한다. 더하기 빼기를 공부하는 것이 중요한 것이 아니고 자기에게 의미 있고 필요한 즉, 살아있는 공부를 해야한다. 머리에 쌓아 놓은 지식이 있어서 응용할 줄 아는 디자이너 축구 선수가 된다면 얼마나 멋있는 일이겠냐? 기초가 있고 이론이 겸비된 축구 선수 디자이너 기타 전문인이 되거라. 그러기 위해서는 자기 분야의 살아 있는 공부를 해야 한다. 라고 얘기를 해준 적이 있습니다.

물 한 컵 먹여 놓고 너무 거창하게 본전을 뽑은 것 같은 생각이 들어 아이들에게 내심 미안한 생각이 듭니다.

아이들에게 공부를 하게 하려면 설득력 있게 다가서야 합니다.

아무런 뜻도 없이 무조건 공부하라고 하면 어렸을 때는 매가 무서워서 또 부모님 말씀이니까 따라야 한다는 생각에 군소리 없이 공부하러 들어갔지만 머리가 커진 아이들은 역반응이 일어납니다. '엄마는 매번 나한테 한다는 소리가 공부하라고 밖에 하지 않는다'고 되려 짜증을 내게 됩니다. 더 심한 경우 공부가 인생에 전부냐고 까지 말하기도 합니다.

이제는 아이들에게 무언가 자기들이 이해할 수 있는 방법으로 설득력 있게 다가서야 합니다. 엄마는 앉아서 텔레비전 연속극을 보고 있고 아빠는 잠자고 하는 속에서 아이들이 공부하고 싶을까? 같이 책은 읽어 주진 못할 지라도 아이들이 공부할 수 있는 분위기를 만들어 주어야 합니다. 아빠는 신문이라도 엄마는 옆에서 소설책이라도 읽는다면 아이도 무언가 해야한다는 생각을 갖지 않을까요?

또한 아이가 지금 공부를 할 수 있는 상황인가를 고려해야 합니다. 아이도 하나의 인격체인 만큼 자기 나름대로의 공간이 필요하고 자기 세계가 있습니다.

지금 한창 텔레비전에서 만화영화를 하고 있고 지금 주인공이 악당들에게 잡혀 신문을 당하고 있는 참이었는데 엄마가 나타나서는 "네가 지금 만화 볼 상황이니, 어서 들어가 공부해 하라는 공부는 안하고……. 방에서 나오기만 해봐라 너는 혼날 줄 알아! 어이구 저놈의 텔레비전을 없애 버리던가 해야지 원!" 하면서 아이를 공부방에 반 강제로 집어넣습니다. 그러면 아이는 방에서 공부할까요? 아닙니다. 지금 주인공이 죽느냐 사느냐 궁금해 죽겠는데 공부가 머리 속에 들어올 리 있겠습니까? 연필 손장난을 치면서 주인공을 생각하고 있을 것입니다. 그래도 이 경우는 낫습니다. 엄마와 같이 텔레비전 연속극을 보다가 갑자기 "야!, 너는 언제까지 텔레비전 옆에 붙어 있을 거니 들어가서 공부해!" 라고 말하고 다시 텔레비전을 보는 경우도 있습니다. 그러면 아이는 들어가면서 투덜됩니다.

"엄마는 텔레비전 보면서 맨 날 나만 공부하라고 해!"

아이가 텔레비전을 보고 있거나 로버트를 가지고 놀 경우 그 프로만 보고 공부를 하게 하던가 얼마 후 하게 해야 합니다. 아니면 텔레비전 시청 시간을 일정하게 두어 그 시간이 끝나면 공부할 수 있도록 하는 것이 바람직합니다. 그럴 경우 아이는 자기가 하고 싶은 일을 했으니까 공부하는 것을 당연히 받아들이게 되고 어떤 의미로는 자기 스스로 하게 되는 결과가 되는 것입니다. 아이들은 자기가 선택하거나 하고 싶어서 하는 일은 정말 열심히 합니다.

가정에서 학습 지도에 장애를 주는 또 다른 요인은 학습 지도의 상황입니다. 보통 가정에서의 학습지도는 어머니의 몫으로 은연중에 정해져 온 것 같은데 아이의 학습지도시 지도와 가정 일이 병행해서 이루어지고 있다는 것입니다. 예를 들어 설거지를 하면서 받아쓰기를 불러 준다던가. 또 빨래를 하면서 아이가 모르는 단어를 물어볼 경우 답해 준다든가 하는 가정이 많다고 들었습니다. 이럴 경우 어머니의 말소리가 잘 안 들릴 뿐만 아니라 못 알아듣는 경우는 화가 나서 아이에게 손이 가기 쉽습니다. 바빠 죽겠는데 말도 제대로 못 알아듣는다던가, 5학년이 돼가지고 그것도 모른다던가 하면서 화를 내게됩니다. 아이에게 공부지도를 해주려면 어쩔 수 없지 않겠냐? 하겠지만 그런 방법은 아이가 집중 못하고 오히려 산만해 지게 되고 성격이 날카롭게 됩니다. 그래서 공부하면서도 다른 손장난을 하게 되고 설명해주는 말도 집중해서 듣지 않는 경우가 많지요. 그럴 경우 빨리 일을 마치고 잠시라도 공부 시간을 마련해서 지도해 주는 것이 바람직합니다.

　결론적으로 요즘 아이들에게는 어떤 일이든지 강제로는 통하지 않는 다는 것입니다. 그만큼 접하는 부분도 많고 유혹도 많습니다. 강제보다는 설득력 있게 학습할 수 있도록 이끌어야 하겠고 보다 중요한 것은 스스로 하게 하는 학습이 바람직하고 효과도 크다는 것입니다. 그리고 가장 좋은 가정교사는 부모님입니다.

미운 놈 떡 하나 더 주고…….

 무더운 삼복더위도 점점 기력을 잃어 가고 푸른 잎을 출렁이던 수양버들도 하나 둘 잎을 물들이고 여름 내내 자신의 소리를 들어 달라고 외치던 매미도 제 본래의 모습대로 돌아가려는 차비를 차리고 있습니다. 또 다시 자연의 순리를 느끼게 하는 시간입니다.
 더운 여름 어떻게 지내셨는지 궁금합니다.
 아이들과 휴가 잘 다녀오셨는지요.
 요즘 부모들은 휴가가 휴가로 여겨지지 않을지도 모릅니다. (옛날에는 휴가라는 것 자체도 꿈도 못 꿨을 지 모르지만요.) 자식들에게 얽매이지 않는 젊은 부모들의 경우는 아이를 맡겨 놓고 어디론가 둘만의 여행을 떠난다고 합니다만 자식의 발전에 모든 것을 건 40~50대 부모의 경우는 다릅니다. 자식을 잘 길러 자식이 잘 되는 것을 보려는 사람들로서는 자식들이 원하는 것이면 무엇이든 해주려 할 것입니다. 그래서 휴가도 부부만의 오붓한 시간을 보내기 위해서 라기 보다는 아이들이 가고 싶어하는 곳 또 아이들의 학습에 도움이 되는 곳으로 갔을 것입니다.
 요즘 들어 과연 부모의 자리는 어디인가 생각해 봅니다. 먹을 것입을 것 휴식 시간 심지어는 TV의 채널권까지 아이들에게 넘겨주어 버렸으니 '내가 원해서 이루어지는 가정 활동은 얼마나 되고 과연 무엇인가?' 하고 회의가 찾아 올 때도 있습니다. 내 자리가 이렇게 위태로와서는 안 되는데 하는 생각이 들면서도 '자식 잘되라고 한다는데 그리고 남들도 다 그렇게들 자식들 공부시키려고 안방까지 내준다고 하는데 이렇게 하는 것이 대수라고……'하며 자신을 위로합니다. 안 그러면 천연 기념물 취급을 한다고 하니…….

그렇다고 우리가 안방까지 내 준다는 일을 따라 해야 합니까?

대부분의 사람들은 아이들 교육에 있어서 무조건적인 사랑을 주장합니다. 하지만 아이들 교육에서 가장 중요한 것은 맹목적인 사랑보다는 가치관이 담긴 사랑입니다. 가치관이 담긴 사랑은 맹목적인 사랑과 다릅니다. 가치관이 담긴 사랑은 아이들을 독립심이 있는 사람으로 분별 있는 사랑을 할 줄 아는 사람으로 길러 주지만 맹목적인 사랑은 항상 다른 사람에게 기대려고 하고 작은 일에도 좌절과 나약함을 보이는 사람으로 사랑을 하는 방식도 한쪽 눈을 잃은 불수의 사랑을 하는 사람으로 만들기 쉽습니다.

가끔 발령을 앞두고 있거나 이제 교직에 발을 딛은 후배들이 집에 전화해 올 때가 있습니다. 어떻게 아이들을 맞이해야 하고 아이들을 위해서 어떤 준비를 해야 하냐고 물어 봅니다. 그러면서 레크레이션, 수업 기술, 피아노, 미술 등을 준비해야 하지 않느냐고 물어 봅니다. 그러면 저는 그것도 물론 아이들의 특성을 계발하고 더 잘 가르치기 위해서 필요하지만 가장 중요하고 오래 기억해야 할 것은 교사의 마음가짐과 가치관이다. 아집이나 편견으로서의 가치관이 아닌 보편 타당한 가치관 그래서 어떤 위험 요소에도 흔들리지 않는 그런 가치관을 지녀야 한다. 그런 중심 추를 가지고 있을 때만이 아이들이 흔들리지 않고 교사를 믿고 따르며 아이들 또한 자신만의 가치관을 지니게 되는 것이다라고 얘기해 주고 있습니다.

부모님의 교육도 마찬가지라고 생각됩니다. 부모님의 가치관이 무엇인지에 따라서 아이들의 행동도 다르다고 봅니다. 아이들을 가르치다 보면 아이들을 통해서 부모님의 가치관을 읽을 수가 있습니다. 자신의 부모가 무엇을 중요시하는지 또 어떤 것을 간과하고 있는지 등등

사실 지금의 40~50대의 기성세대들은 정말 가치관의 혼란 시대에 살았습니다. 빠른 산업 발전과 경제적인 성장에 신경 쓰다 보니 정신적인 것 또 정치적인 것은 뒷전이었습니다. 그래서 어떤 것이 '좋고 나쁘다'의 가치 판단보다는 좋은 게 좋은 것이었고 그냥 뭐든지 두리 뭉실하게 넘어가는 게 잘하는 것이었습니다. 어차피 인생은 둥글게 돌고 도는데 그것 신경 써 봐야 소용없다. 돈벌기 바쁜데 그것 신경 쓸 겨를 있냐! 그럴 시간 있으면 돈이나 벌어라! 하고 말하기 일수였습니다. 그래서 가치판단에 중요한 역할을 하는 것이 돈이었습니다. 아이들에 대한 사랑의 방식도 아무것도 원하지 않을 테니 공부만 잘하라는 식입니다. 그러면 원하는 것 뭐든 해준다. 자식이 원하는데 못해 줄 것 없다. 공부만 잘해 봐라 내가 못해 주는 것이 있냐 열심히 해!

오늘날의 많은 가정에서도 부모들이 자신들의 합법적인 지위를

상실한 채 그저 돈이나 벌어다 주고 밥이나 먹여 주고, 옷 입혀 주고, 아이들 해 달라는 것 다해 주고, 공부 열심히 잘해서 좋은 대학에 가도록 채찍질하면 그것이 부모로서 지위를 지키는 전부인양 생각하는 경우가 있습니다. 그래서 앞에서도 얘기한 것처럼 당신들의 안방까지 내줍니다. 그러면 그 아이는 대학은 가겠지만 결국 공부는 부모의 권위보다 위라는 것을 배우게 될 것입니다. 공부하라고 안방까지 내주는 것이 사랑이라고 할 수 있을는지요.

　가정에서 부모는 부모로서의 지위를 지켜야겠습니다. 부모는 물론 아이들과 친구처럼 지낼 때도 있지만 그것은 놀이 과정에서 그런 것이지 부모가 결코 자녀의 친구가 될 수는 없다고 봅니다. 부모는 어디까지나 부모다워야 합니다. 지난번 통신에서 채널권을 둘러싸고 아들하고 싸우던 어느 선배의 이야기를 한 적이 있습니다. 그런데 요즘은 그 선배의 이야기만은 아닌 것 같습니다. 가까운 이야기로 저희 누나의 집에 가 봐도 그렇습니다. 매형은 조카에게 채널권을 넘겨 준지 오래입니다. 자신이 원하는 것을 보고 싶어도 아들이 싫다고 하면 하는 수 없이 자신이 보는 프로를 포기해야 합니다. 왜냐하면 시끄럽기 때문에 아이에게 양보합니다. 또한 누나도 그렇게 하기를 종용합니다. 이것은 좋게 보면 아이들의 요구를 들어주고 아이들을 아주 자연스럽고 자유롭게 키우는 듯해서 바람직한 일이라고 말해질 수 있지만 다른 한편에서는 가장의 권위가 서 있지 않는 것임을 알 수 있습니다. 몇 번 채널을 시청할 것인가? 외식을 하러 나갈 때 무엇을 어디에 가서 먹을까? 몇 시에 밥을 먹을까? 이번 여름휴가를 어디로 갈까? 그야말로 모든 일을 아이들 하자는 대로만 부모가 따라 해서는 결코 가정에서 부모의 합법적 지위력이 선다고 보기 어렵습니다. 식사 예절도 마찬가지입니다. 아버지가 수저를 들기도 전에 아이들은 자기가 원하는 대로 수저를 들고 먹고 싶은 것을 다 먹은 후 아버지가 식사를 다 하기도 전에 자리에서 일어서서 나가 버립니다.

"그저 아무나 배고프면 먼저 먹는 거지 뭐, 먹는 걸 가지고 별거 다 따지네 괜찮다. 너희 다 먹었으면 먼저 일어나 가서 텔레비전 봐라."

하고 합리적으로 생각할 수도 있습니다. 하지만 결국 가정에서 누가 중요하고 인생에서 누가 선배인지를 모르게 되는 결과를 낳게 될 것입니다. 위에처럼 식사시간을 지키지 못할 지라도 같은 자리에서 식사를 할 경우 먼저 수저를 드는 것은 지켜졌으면 합니다.

제가 어렸을 때 '미운 자식 떡 하나 더 준다.' 는 말 참 많이 들었습니다. 그때는 그 참뜻(행간에 숨은)을 몰라 혼돈에 쌓이곤 했습니다. '왜 귀엽고 예쁘면 떡을 더 주지 매를 드는 것일까?, 그러면 나보고 미운 짓을 더 많이 하라는 이야기인가?, 왜 같은 일을 해도 쟤는 칭찬 받고 나는 더하라고 하지 나도 이만하면 떡을 먹어도 될 것 같은데!' 하구요. 어쩔 때는 그것이 섭섭하기도 했고요. 하지만 지금은 그 말뜻을 알게 되었습니다. 행간의 의미도요. 더더구나 더 중요한 사실은 착한 아들의 아픔과 서운함보다 더 힘들고 고통스러운 사람이 있다는 것을 알게 되었습니다. 그것은 미운 놈에게 떡 하나 더 주고 예쁘고 착한 아이에게 매를 드는 사람이라는 것입니다. 정말이지 칭찬해 주기는 쉽습니다. 상대방도 기분 좋고 칭찬을 해주는 자신도 기분이 좋으니까요. 하지만 잘했고 이 정도면 됐겠지 싶으면서도 그 마음을 억누르며 매를 드는 사람의 마음을 생각해 보셨습니까? 그 사람의 진정한 발전을 위해서……

 그 대표적인 사람은 아마 우리도 자주 들었던 한석봉의 어머니일 것입니다. 그 산 속에서 추위와 배고픔 그리고 고향 생각을 하면서도 열심히 참고 3년 동안 붓글씨를 쓰며 심신을 수련해 왔는데 보통의 부모라면 '그 동안 고생 많았다.' 하고 따듯하게 맞아 주었을 것입니다. 그렇지만 정말 자식의 참다운 발전을 위해서 '그래, 내 새끼 정말 수고했고 장하구나! 하지 않고 지금까지 배운 게 그 정도냐!' 하고 매몰차게 야단을 쳐 다시 학문에 힘쓰게 한 그 어머니의 마음은 누구보다도 아팠을 겁니다. 정말 사랑이 없다면 매도 들지 못할 것입니다.(보복을 위해 매를 드는 것은 얘기하지 않겠습니다.) 더구나 혈육이 아닐 경우에. 그 사람이 싫어할 줄 알면서도 매를 든다는 것은 또 다른 용기가 필요하다고 생각됩니다.

 아직 자식을 나아 길러 보지 않았지만 자식이 귀하고 눈에 넣어도 아프지 않다는 것을 압니다. 10달 동안 배속에 넣고 얼마나 조심스레 길러 낳았습니까? 그리고 나은 것에 그치지 않고 기르는 것은 이루 말할 수 없지요. 그런 자식에게 매를 든다는 것은 참으로 힘든 일입니다. 그런데도 우리네 부모들은 그렇게 다들 자식들을 옹골차게 키웠다는 사실에 다시 한 번 부모님의 교육 방식을 생각해 보게 합니다.

 드러내 놓지 않는 사랑, 그러면서도 자식의 앞을 걱정해 주는 사랑이 요즘 들어 많이 필요하다고 생각됩니다. 다들 자식 자랑에 뒷바라지에 열을 올리는 지금입니다. 하지만 지금의 방식으로는 자식을 올바르게 지도하기에는 버거운 듯 여겨집니다. 개성은 있지만 예절과 화합할 줄 모르는 아이들을 길러 내고 있으니까요. 그래서 교실에서도 얼마나 저마다의 목소리가 큰지 모릅니다. 왜냐하면 우리 집에서는 내가 최고인데 나 외에 잘났다고 하는 사람이 있으니 목소리가 커질 수 밖에요. 무조건적인 사랑에 의해서 길러진 아이들은 자신의 말과 행동이 모두 받아들여졌기에 반대가 있고 비판이 있는 것을 수용하지 못합니다. "내가 말하는 데 네가 뭔데 반기를 드냐!" 이겁니다. 그것은 그 동안 가정에서 너무 아이들 위주로 키워서 그런 것은 아닌지요.

　자식이 잘못을 해도 그저 넘어가고 크면 알겠지 하고 생각한다면 오산입니다. 매를 자주 든다면 문제가 되겠지만 잘못했을 때 따끔한 매는 무엇보다 필요합니다.

　미운 아이에게 떡 하나 더 주고 예쁜 아이에게 매를 든다는 것 쉽지만은 않은 것 같습니다. 귀여운 아이들에게 무조건적인 사랑을 주는 것은 좋습니다. 사랑을 주지 않는 것 보다 백 배 천 배 낫습니다. 왜냐하면 사랑을 받고 자란 사람이 사랑을 줄줄도 아니까요. 사람은 자기가 일생 동안 받은 사랑만큼 사랑을 준다고 합니다. 예외도 있지만요. 하지만 그 분별 없는 사랑이 아이를 정말 망치게 할 수 있다는 사실 명심해야겠습니다.

　어머니께서 가끔 누나에게 하시는 말씀이 생각납니다. '애야!, 자식은 속으로 예뻐하는 거란다.'

지식교육은 죽었다.
하지만, 지식은 있다.

 요즘 여기저기서 탈학교니 대안 교육이니 하는 목소리들이 나오고 있다. 심지어 학교로 인한 피해 사례를 지적하고 자신은 가정에서 교육을 한다는 사람들이 늘어나고 있다. 이유는 학교의 지식교육이 사회생활에 도움이 되지 않는다는 것이다. 이들은 적응 못하는 것이 잘못이 아니고 적응을 시켜주지 못하는 것만 잘못으로 여긴다. 몇 년 전에 열린교육이 일대 붐이 일었던 적이 있다. 우리 교육 현실이라는 것이 태풍과 같다. 정말로 그렇다. 교육사조들 대부분이 들어올 때는 모두가 그것을 하지 않으면 안되고 그것에 관심을 두지 않으면 바보가 되는 것처럼 여기다가도 그 여력이 지나가면 태풍처럼 소멸되고 만다. 태풍이 그 뒤 피해를 남기듯 그런 태풍처럼 왔다가는 교육사조도 큰 상처를 남긴다. 예전처럼은 아니지만 지금도 열린 교육이 유행하고 있다. 이제는 뭐 다 알아서 식상하겠지만 말이다. 그런데 그 영향인지는 몰라도 학생들의 지식교육은 무참히 짓밟히고 있다. 열린 교육을 하기 위해서는 학생들 하나 하나의 개성과 수준을 파악하고 거기에 맞게 학습을 이끌어가야 하는데 4~50명이나 되는 우리나라의 학급에서는 그 적용이 어려움에도 불구하고 계속 정책적으로 지원되는 바 그 시행을 멈추지 않고 있다. 그런 결과로 학생들은 코너만을 돌뿐이고 여러 활동을 분산하여 펼치거나 교사의 지도 없이 학생들의 활동에 의존하다보니 학생들은 잘못된 정보를 받아들이거나 제대로 그 방향을 찾지 못한 체 그 과정을 끝내고 있다. 그런 결과로 학생들의 지식수준은 점점 떨어져 가고 있다. 어쩌면 지식교육의 산실인 학원이 오늘날 열린교육 붐에도 그렇게 번창하는 이유는 아이러니 하게도 학교교육에 있다. 바로 학교에서 열린교육을 한다는 이유로 과정과 이론학습을 대략적으로 살펴보거나 지적 저능아나 과정을 이수 못한 보통이하의 학생들에게 지도할 수 있는 다른 창고가 없어 학생들은 학원으로 몰리고 있는 것이다. 정말 열린교육이 이 정도로 정착화 된 것은 학원의 도움이 크다는 것을 학교도 인정해야 한다. 정말 아이러니한 일이다.

  요즘 시대 흐름은 예능과 이공계에 대한 관심에 비해 기초 학문에 대한 관심이 덜하다.

  기능을 중시하다 보니 학문이나 이론은 뒷전이기 십상이다. 그래서 일찌감치 학교를 그만두고 산업전선에 뛰어 들거나 연예계에 발을 들여놓는 사람 컴퓨터에 뛰어 드는 사람들이 많다. 그 대표적인 사람으로 사람들은 빌게이츠를 꼽는다. 그래서 빌게이츠는 학교 공부는 뒷전으로 하고 컴퓨터에만 전념한 관계로 오늘날의 세계적인 프로그래머가 되었고 갑부로 떠올랐다는 것을 여기저기서 예로 들어 학교교육과 학문의 기초교육을 등한시한다. 그러나 이것만은 사실이다. 빌게이츠도 학문의 기초기능만큼은 무엇보다 중요하게 여기며 그도 하버드대를 3년 간이나 다녔다는 것이다. 언젠가 동아일보에서 빌게이츠 칼럼이라는 시리즈 물을 기재한 적이 있는데 그때 실렸던 내용을 원문 그대로 싣고자 한다.

많은 학생들과 부모들이 전자우편을 통해 내게 조언을 부탁한다. 때로는 나처럼 학업을 중도에 포기해도 괜찮은지 의견을 구해오기도 하고 나중에 사회에 나가 성공하려면 지금 어떻게 가르쳐야 하는지를 묻는 내용이 압도적으로 많다. 그럴 때마다 나는 필요한 조언도 하고 걱정도 하게된다.

해답은 의외로 간단하다. 아이들에게 배움의 기회를 가능하면 많이 주라는 것이다. 고등학교는 기본이고 가능하면 대학에 진학하는 것이 좋다. 그래야만 무엇을 어떻게 배워야 하는지 배움의 방법을 터득할 수 있다. 나는 마이크로소프트(MS)사를 창업하기 위해 대학졸업장을 포기했다. 그래도 나는 3년 간 하버드대를 다녔다. 지금 나에게 그 시절은 언제든 되돌아가고 싶은 아름다운 추억으로 남아있다. 틈날 때마다 하는 말이지만 누구든 일생일대의 기회라는 확신이 없는 한 공부를 중단하거나 휴학을 해서는 안 된다. "빌게이츠는 고등학교도 나오지 않았는데 MS사의 회장이 됐어요"라고 학생들이 말한다고 한다. 나의 성공담이 학생들에게는 공부를 게을리 하는 핑계가 되고 있다는 얘기다.

첨단 사업분야에는 대학을 졸업하지 않은 엔지니어들도 물론 있다. 그러나 내가 알기로 고등학교를 그만 두고 컴퓨터 업계에 진출해 거물급 인사가 된 사람은 아직 아무도 없다. MS 초창기에 시간제 아르바이트로 일했던 고등학생이 한 명 생각난다. 꽤 똑똑한 친구였다. 주변 사람들은 그에게 학교를 그만 두고 취직하라고 부추겼다. 그렇지만 우리

회사는 절대로 어리석은 결정을 해서는 안 된다고 그를 말렸다. 고등학교든 대학이든 일단 공부를 시작했으면 끝맺는 게 현명한 일이다. 취업을 위해서도 대학 졸업장은 필요하다. 물론 대학이 유일한 배움터라고 말할 수 없다. 도서관에서도 얼마든지 독학할 수는 있다. 그러나 무턱대고 혼자서 공부하는 것이 곧 깨달음을 얻을 수 있을지는 장담할 수 없다.

학교에서는 독서만으로 얻을 수 없는 소중한 기회를 준다. 다른 학생들과 어울려 공부하고 질문도 하고 아이디어도 내놓으면서 자신의 잠재능력을 계발할 수 있기 때문이다. 다양한 학문을 섭렵하는 것 역시 중요하다. 고등학교 시절 나는 한때 소프트웨어 개발에 매료된 적이 있다. 그렇지만 다양한 학문의 세계를 경험하는 데 훨씬 많은 시간을 할애했다. 지금 생각해 보면 그렇게 하라고 독려해준 나의 부모님들에게 감사할 따름이다. 대학에서도 컴퓨터 강좌는 한 과목밖에 듣지 않았다. 대신 다양한 분야의 과목을 들으면서 교양을 쌓을 수 있었다.

"고등학교에 다니는 아들이 컴퓨터에 빠져 헤어나지 못해 큰일"이라는 편지를 보내온 부모도 있었다. 그 아이는 홈페이지 디자인만 A학점을 받고 나머지 과목의 성적이 형편없이 떨어지는 바람에 가족이 애를 태우고 있다. 아이들은 종종 한 분야에 집중함으로써 자신의 정체성을 확인하려고 한다. 예컨대 '그래, 나는 회계학에 소질이 있어"라고 마음을 먹고 나면 "너 무슨 책을 읽고 있니"라고 누군가 물었을 때 "응, 이거 회계학 책이지"라고 대답하고 싶어한다. 일종의 자기 암시다. 그런 태도를 취하면 마음도 편해지고 자긍심도 느낄 수 있다. 하지만 그 때문에 더 넓은 세상에 눈뜰 기회를 놓친다면 불행이 아닐 수 없다.

컴퓨터든 외국어든 무용이든 특별히 소질이 있다면 좋은 일이지만 한 우물을 파기 위해 다른 과목은 거들떠보지도 않는 것은 정말 큰 실수가 될 수 있다. 학교야말로 수학 역사 과학 문학 예능 등 다양한 학문의 즐거움을 맘껏 누릴 수 있는 유일한 곳임을 알아야 한다.

열 한 살에 미적분을 푸는 것보다 로빈슨크루소를 읽는 것이 논리에 도움이 된다. 고등학교 시절엔 특별한 관심분야를 찾기 위해 방황할 필요가 없다. 전공에 몰입하는 것은 대학이나 대학원으로 미루면 된다.

청소년기에는 학문의 자양분을 골고루 받아들여 호기심을 채우고 친구들과 격론도 벌여가며 사회성을 익히는 게 바람직하다. 그렇지 않으면 나중에 반드시 후회할 것이라는 게 나의 진심에서 우러나오는 충고다.

빌게이츠의 말처럼 학문의 기초는 중요하다. 그 학문의 기초는 대부분 학교 교육으로부터 이루어진다. 그런데 아이들이 공부를 접어두고 밖으로 나도는 이유는 학교가 실제 생활에 도움이 안 되는 고리타분한 교과과정을 가르치며 경쟁만 조장하기 때문이란다. 그리고는 얼마 전 인천 호프집 화재참사를 학교의 특기적성 교육이 부실해 아이들이 술과 춤으로 답답함을 풀다가 변을 당했다고 분석을 한다. 그러나 어느 사회 조직에나 이탈은 있다. 교과과정에 어느 정도 수정을 할 필요는 있지만 그들이 탈선을 한 것이 학교 교육 때문만은 아니다. 학과 지식 교육이야말로 산업과 문화발전의 토대이며 시발점이다. 튼튼한 기초학력의 기반 없이 무엇이 가능할까? 극심한 경쟁 때문에 아이들이 공부를 접어두고 밖으로 나돈다는 주장은 아이들에게 공부 걱정말고 그냥 놀라는 부추김과 다름이 없다. 동서고금을 막론하고 경쟁 없는 세상이 없다. 경쟁은 인간의 본능이며 발전의 원동력이다.

아이들 불쌍하고 사교육비를 줄인다고 쉽게 조금씩만 가르치면

전체아동의 학력은 반드시 하향 평준화된다.

그동안 열린 교육에 의해 우리나라 교육은 이끌어져 왔다. 오늘 열린교육이 한 일이 무엇인가? 가장 큰 과업은 교육을 평준화 시켰다는 것이다. 누구나 할 것 없이. 참 장한 일이다. 그런데 그것이 세상에 가능한 일일까? 교육의 평준화가.

이래저래 요즘 특기 적성교육이 강조되고 있다. 자기의 적성을 찾아 교육을 받으라는 얘기다. 그러나 자신의 적성이 무엇인지 알고 세상을 사는 사람은 드물다. 그래도 적성을 존중한다니 예체능, 외국어 학원마다 호황을 만나게 된다. 레슨 비와 학원비 등 사교육비를 어떻게 감당하는가? 학교는 계속 열린교육을 하고 있느라 특기 적성을 할 여력이 없는데 없는 사람들만 죽이는 정책이다.

모든 아이들이 연예인 미술가 체육인이 될 필요가 없고 돼서도 안 된다. 예체능 계에서 성공하는 사람들의 수는 얼마 되지 않는다. 모든 사람이 춤 음악 미술 체육으로 생계를 유지하지 못한다.

대부분 아이들과 국가가 필요로 하는 교육은 지식위주의 학교교육이다. 이를 기반으로 국가의 산업이 지탱되고 발전한다.

한가지만 잘하라는 특기적성 교육은 절름발이 교육이다. 진정한 특성화 교육이란 정말 그 아동의 발달 단계와 학습력에 맞혀 학습을 시키는 것이지 특별활동이나 예체능을 시키는 것이 특성화 교육이 아니다. 특별활동만 시키고 학습은 등한시한다면 머리에 든 것 없는 아인슈타인을 기르는 격이다.

세상을 살기 위해서는 남이 모르는 것도 알아야 하지만 남이 아는 것도 함께 알아야 한다. 학교교육은 폭넓은 학과 지식을 가르쳐야 한다. 학교는 공평한 지식 교육의 기회를 제공하고 개인의 특기와 적성의 개발은 그 다음 문제다.
 대부분의 아이들은 공부가 재미없으므로 될 수 있으면 밖으로 나돈다. 이런 아이들을 타이르고 붙잡아 주는 것이 사회와 부모의 임무가 아닐까? 그러면 못쓴다. 일깨워 줘야 한다.
 미국식 진보주의 열린 교육의 환상이 정부의 무분별한 세계화 개방화 정책과 어우러져 우리 학교를 뒤집고 말았다.
 탈학교는 결국 문제를 회피하는 것이라고 본다. 문제에 대한 회피보다는 직접 해결책을 찾아 나서야 한다. 더구나 요즘 Cyber세대들은 개인화 추세가 급격하게 진행되고 있다. 그들이 모일 수 있는 장소가 필요하다.
 자기의 특성을 찾아 학교를 떠나 성공하면 좋으나 만일 학교를 벗어나서 다른 교육을 받지 않은 사람이 '우수'의 길로 접어들지 못했을 경우 그 다음 선택은 어떻게 되는 것인가? 뭔가 다른 것에 대해 배운 것이 있어야 다른 길을 선택할 것이 아닌가?
 정말 이것이 잘 못된 경우 우리 모두 학교를 나가자! 는 구호가 돼 버린다.
 학생들은 아직 불안정하다. 더구다나 그들의 감정은 매일 바뀐다. 자신이 관심 있는 분야와 기능이 있다는 것은 다르다. 누군가 잡아 주어야 한다. 아이들에게 맡기고 부모는 나와라! 하는데 아이들이 자율적으로 할 수 있는 범위는 한계가 있다. 어른들은 그 자율성의 범위를 조금씩 넓혀 주어야 하는 책임이 있다.
 대중매체가 학교를 벗어난 친구의 잘된 것만을 반영하고 잘 못된 아이는 잘 보여주지 않는다. 학교를 이탈한 친구들의 이야기를 들으면 학교밖의 아이들은 더 힘들다. 자신이 선택하고 책임진다는 것에 대해 과중감을 느낀다.

모두가 백댄서가 된다고 하는 것은 막아야 하지 않겠나!

벤처기업가 이금룡씨(주-옥션 대표 : 인터넷 경매사이트 운영)는 지금 네트워크 사회에서 가장 중요한 것은 협동과 신뢰이다. 협동하고 토론하는 것은 공동체 안에서 훈련받는 것이 가장 효과적이고 쉽다고 말한다.

다른 사람의 처지를 알려면 학교 교육 안에서 이루어져야 한다. 또한 학교 교육이 협동할 수 있는 계기를 주어야 한다.

무엇을 잘하려면 우선 잘 알아야 한다.

아빠 휘파람을 부세요

◆ 머리를 염색하며
◆ 속살 그 부드러움
◆ 아빠, 휘파람을 부세요.
◆ 별 만들기
◆ 노래방이 주는 교훈
◆ 시간에 쫓기는 아이들
◆ 선생님 만원주고 샀어요.
◆ 생각하면 가슴아픈 일들
◆ 난 왕자 넌 공주

머리를 염색하며…….
절제된 파격은 아름답다.

 갑자기 고향 생각이 납니다. 그 중에서도 여름이면 아무것도 걸치지 않고 뛰어 놀았던 동네 냇가가 생각납니다. 그곳에서는 어머니나 누나들이 빨래를 했습니다. 우리가 미역을 감고 오면 그 새까맣던 빨래는 어느새 새하얀 빨래가 되어 나왔습니다. 그 시절에 누나와 어머니들은 마치 요술쟁이 같았습니다. 새까맣던 옷이 공장에 들어 간 듯 금새 새하얀 옷이 되어 나오니 말입니다.
 한 해를 시작하는 1월입니다. 작년에 묵은 우리 마음의 때를 방망이로 두들겨 내고 올해는 깨끗한 마음의 빨래를 다시 가지고 가야겠습니다. 올해는 빨래터에서 이제 들어 올린 새하얀 빨래를 보듯 즐거운 일들과 사람들에게 흰 빨래와 같은 그런 즐거운 마음을 전달해 줄 수 있는 사람이었으면 합니다. 새해에는 우리 모두의 마음이 흰 빨래처럼 깨끗해졌으면 합니다.
 어느 때부터인가 우리 주변에서 이발소는 점점 없어지고 대부분 미장원만 남게 되었습니다. 이제는 남자들도 머리를 자르기 위해서 미장원을 찾습니다. 자연스러운 일이 되어버렸지요. 저도 예외 없이 머리를 자르기 위해서 미장원에 갑니다. 전에 다니던 이발소와는 달리 참 정성스럽게 머리를 자르더군요. 사람들이 이래서 이발소를 찾지 않고 미장원을 가게되나 봅니다.

머리를 다 잘라갈 무렵 갑자기 '참 지루하다.'는 생각이 들었습니다. 나도 한 번 머리에 변화를 주고 싶다. 그런데 교사인데 그렇게 해도 되나? 이런 생각을 하다가 옆에 머리 자르는 사람에게 이야기를 했습니다. 저의 망설임까지요. 그런데 그게 화근이었습니다. 제가 선생님이라는 것을 알고 있는 그 사람은 무척 흥미 있다는 듯 염색을 하자는 것이었습니다. 부분적으로 염색을 하는(브릿지) 것은 그다지 거부감이 없을 것이라고 학생들도 좋아할 것이라고요. 그래서 걱정 반 설레임 반으로 브릿지를 하게되었지요. 걱정도 되고 무척 긴장이 되더군요. 드디어 머리를 하게 되었죠. 참 쑥스럽고 어찌할 바를 모르겠고 괜히 웃음이 나오더라고요.

저의 머리를 보는 사람들의 반응도 각각이었습니다. 보기 좋다는 사람. 놀랍다는 사람 등등. 우리 학교 교장 선생님도 처음에 몰라보시다가 나중에야 "김선생 머리가 다르네"하고 웃더군요.

그런데 다른 사람의 반응보다는 내 자신의 반응이 의미가 있었습니다. 작은 변화로 많은 것을 얻게되었지요. 그래봐야 앞머리 몇 가닥 브릿지 한 것인데 그 작은 변화에도 제 기분이 달라지더라구요. 그냥 들뜨기도 하고 다시 학창시절의 젊은 열정을 얻은 것 같고 새로운 것을 얻은 듯한 아무튼 쑥스러우면서도 기분 좋은 일이었습니다.

그런데 직업은 속일 수 없는지 금방 학생들 생각을 하게 되었지요. 특히 탈선하는 학생들, 반항기질이 있는 학생들을요.

제가 부분 염색(앞머리 몇 가닥)을 하고 나니 학생들을 이해하겠더라 는 것입니다. '아 이런 기분으로 학생들과 사람들이 자신의 평소 모습에서 이탈을 하는구나! 염색하는 사람이 나쁘다면 나도 탈선자고 불량선생이라고 보아야 하나? 그러니 머리를 염색하거나 옷을 이상하게 입는 사람이라고 해서 다 질적으로 떨어지는 것은 아니구나! 그냥 어쩌다 나처럼 기분 전환으로 하는 사람도 있고 호기심으로 해보기도 할 텐데 사람들은 눈에 보이는 시각으로만 그 사람을 판단하고 그러는 구나! 그들을 다른 시각으로 그리고 좀더 그들을 이해하는 시각으로 보아야겠구나!' 하는 생각을 하게되었지요.

사람에게는 누구나 일상에서 이탈하고 싶은 마음이 있다고 합니다. 그런데 자기를 감싸고 있는 정체가 있어서 쉽게 탈출을 못하지요. 어른들은 가족이 있어서 아이들은 학교와 부모의 기대가 있어 이탈하기 힘듭니다. 더 이탈을 막는 것은 우리 마음속에 이성적으로 조절을 하는 방어기재가 있어서 더 그럴 것입니다.

일상을 가끔은 탈피할 필요성이 있다고 봅니다. 자기 자신의 건강한 정신을 위해서 또 삶을 좀더 변화 있게 꾸려가기 위해서도 말이죠. 그런데 그 이탈 중에는 유익하고 필요하며 사람들에게 인정받는 이탈이 있고 무의미하고 불필요하고 사람들로부터 손가락질을 받는 이탈이 있을 것입니다. 유익한 이탈은 절제된 파격이요 유익하지 못한 것은 절제되지 못한 파격일 것입니다.

"절제된 파격은 아름답다."

언젠가 아침 훈화 시간에 아이들에게 해준 말입니다. 이 말뜻은 정말 기본을 알고서 또 원리와 원칙에 바탕을 두고 행하는 파격은 사람들에게 인정받고 때론 아름답게 보이지만 원칙도 없이 아무렇게나 행하는 이상 행동은 사람들에게 손가락질을 받는다는 말입니다.

공부 열심히 하고 자기 일 잘하는 모범생인 친구가 수학여행 가서 장기 자랑시간에 현란한 춤을 추면 그 학생은 더 멋있게 보이고 "아 참 대단하구나! 공부만 잘하는 줄 알았는데 춤도 잘 추네 역시 쟤는 뭐가 달라도 달라!" 할 것이고 매번 공부도 안하고 불성실한 태도를 보이고 하는 학생이 수학여행에 가서 춤을 춘다면 당연하게 생각하거나 '쟤는 춤만 췄나봐! 그러니 당연한 거겠지?' 하는 이야기를 늘어놓겠지요.

저도 마찬가지라고 생각합니다. 제가 학생들을 성의 없게 가르치고 하는 행동도 거칠었다면 이번 염색을 부모님들과 선생님들이 곱지 않은 시각으로 보았을 겁니다. 그런데 제 변호는 아니고 평소 나름대로 학생들과 같이 호흡하려고 하고 열심히 가르쳤기에 그냥 미소를 짓거나 그것을 인정해주고 또 멋있다고 얘길 해줄 수 있지 않았을까요.

자신의 해야할 일을 하며 원칙을 알고 행하는 이탈은 오히려 그 사람을 성장시켜주는 요소가 되지만 그렇지 않은 이탈은 그냥 그렇고 그런 일상적인 일이 되거나 남들로부터 "쟤 또 왜 저래!"라는 비난을 받게 되지요.

"학생들이 왜 쟤는 잘못하면 이해하려고 하고 저는 무조건 윽박지르기부터 하세요."

라는 말을 합니다. 그것은 왜 그럴까요. 학생의 전위행동이 선생님의 판단에 영향을 미쳤기 때문입니다. 평소 행동이 바르지 못하고 엉뚱한 생각과 행동을 하면 뒤 따라 이어지는 행동에 대한 판단도 그렇다고 보는 것이지요. 학교 선생님들이 왜 아이들을 그렇게 판단하는지는 아이들의 행동을 보면 알 수 있습니다.

평소에 불량스런 행동을 하면 다음도 불량스런 행동을 할 것이라는 것을 예측하게 합니다. 그런데 정상적인 행동을 하면 다음 행동도 정상적인 행동이 나올 것이라고 예측합니다. 또한 정상적인 행동을 하다 혹 그렇지 않을 경우에도 그 비정상적인 행동에 대해 이해하는 입장에서 바라보게 됩니다.

대부분 '아니 저런 행동을 할 아이가 아닌데 왜 저런 행동을 하게되었을까? 무슨 사연이라도 있나?' 라고 생각합니다. 그런데 평소 행동이 곱지 않은 아이는 '쟤가 또 왜 저러냐 또 시작이구나!' 하는 생각을 먼저 합니다. 기본이나 원칙을 지키지 못하는 이탈행동은 사람들로부터 인정을 받지 못하지요.

혹시 요령과 응용을 아시는지요. 요령은 기본이나 원칙을 무시하고 자기 멋대로 쉽게 일을 하는 것이고 응용은 원리나 원칙에 바탕을 둔 심화된 행동을 말합니다. 기본이 없는 행동은 요령(잔꾀)이요 기본이 있고 안정된 행동은 응용력을 불러옵니다.

요즘 학생들은 참 쉽게 살려고 합니다. 그러다 보면 처음에는 쉽고 편할 줄 모르지만 점점 시간이 지날수록 점점 어려워지지요.

쉽고 편하게 사려는 게 어디 말처럼 쉽습니까? 그런데 처음부터 차근차근 단계를 밟아 올라가는 학생들은 나중에 쉽게 살지요.
　지금 편하게 요령을 배우면 지금은 빨리 가고 쉬운 것 같겠지만 갈수록 어렵고 응용이라는 것이 힘들어집니다. 하지만 요령보다는 원칙을 하나 하나 배워 나가면 좀더 높은 단계의 응용을 할 수 있게 되지요.
　창작은 원리를 바탕으로 이루어집니다. 그리고 원리를 바탕으로서 이루어 질 때 더 잘 됩니다. 창의력 있는 창작은 어디에서 뚝 떨어지는 것이 아닙니다. 어느 정도 밑바탕이 있어야지요.
　근래의 학생들이 방송매체에 나오는 연예인들을 보거나 또는 그들의 말을 듣고 자신이 기본적으로 해야할 모든 생활과 학습은 제쳐두고 오직 그 것만을 습득하려고 합니다. 하지만 그런 모든 것에도 기본적인 학습이 필요하다고 봅니다. 학생시절엔 학생으로서 해야 할 일이 있습니다. 만일 그 연예활동이 빛을 발해서 죽을 때까지 계속 유지해 갈 수 있으면 좋겠지만 그렇지 못할 경우엔 어떤 길을 택해야 할지 막막하겠지요. 고등학교 스타로 각광을 받다가 사라져 가는 별들이 얼마나 많은지요. 매스컴에서 제외된 사람들을 비춰주지 않아서 그렇지 그들은 무엇을 해야 좋을지 참 막막 할겁니다. 한 것이 노래요 배운 것이 연기인데 그것을 하지 못하면 다른 일을 하기는 쉽겠습니까? 한 참 잘 나갈 때는 그 많은 스포트라이트를 받다가 보통의 사람으로 살아간다는 것이 쉽지 않을 것입니다.
　서태지와 아이들의 전 멤버인 이주노씨는 어느 아침 프로에 나와 이런 이야기들을 하더군요. 지금 학생들이 고등학교 때부터 가수를 지망하려고 합니다. 가수 지망생에게 해주고 싶은 이야기가 있다면요? 하는 질문에 "지금은 공부나 학교 생활이 필요 없고 노래에 방해를 주는 요소며 빨리 가수가 되는데 시간을 뺏는 요소가 된다고 생각하겠지만 학생시절에 학습하고 즐길 수 있는 것들을 해라! 그러고 나서도 충분히 가수를 할 수 있고 거기에 관한 기술과 이론을 배울 수 있다. 지금 내 처지가 되면 그때 배울 수 있는 것을 배우고 싶어도 못 배우고 하고 싶어도 못한다." 라고 대답을 하더군요. '열심히 가수 활동을 해라!' 라는 답이 나올 줄 알았는데 이주노씨는 의외의 대답을 합니다.

지금 학생들은 '내가 이것을 배워서 뭐하나?' 하는 생각. 특히 연예인 되는 것이 꿈인 학생들은 내가 연기하는데 이 수학이 도움이 되나 하는 생각을 할 것입니다. 그리고 가수가 노래만 잘하면 됐지 무슨 공부냐고 말할 것입니다. 하지만 더 깊은 음악을 하기 위해서는 음악에 대한 공부가 필요합니다. 뭔가 알고 노래 부르고 창작을 하는 것하고 그냥 느낌만을 가지고 또 기술만을 가지고 덤비는 것하고 뭔가 달라도 다르겠지요. 그때의 느낌만을 가지고 또 자신이 좀 노래를 잘하고 기타를 잘 친다는 이유로 그것만을 믿고 밀고 나가면 나중에는 배우고 차분히 연구하면서 노래를 배우고 기타를 배우는 사람을 따라잡지 못할 것입니다. 국민가수로 지칭 받고 있는 사람들 사실 얼마나 노력하는지 모를 것입니다.

인생을 쉽게 사는 길은 원리와 원칙을 알고 그 대로 행하는 것이지 요령을 피운다고 쉽게 사는 것이 아니지요. 아이들에게도 원리와 원칙을 가지고 행동하고 학습하게 했으면 합니다. 지금 필요 없는 학습이라 할지라도 다 기초적인 지식이 될 것입니다. 자기에게 필요한 공부만 한다면 다른 사람의 처지는 더 이해하기 힘들겠지요.

원리를 알면 응용을 할 수 있지만 원리를 모르면 요령만 늘게 되지요.

정말 절제된 파격은 아름답지만 절제되지 못한 파격은 망나니 취급을 받습니다.

머리를 염색하면서 생각한 것은 자기에게 주어진 길을 열심히 살아가다 잠시 머무르듯 행하는 파격은 변화와 아름다움을 가져다 주지만 무조건 행하는 파격은 무분별하고 아름답지 않게 보인다는 것입니다.

생각 주머니

생각의 차이 : 세 명의 청소부가 길을 쓸고 있었다. 지나가던 사람이 청소부에게 뭘 하는 거냐 묻자……. 첫 번째 청소부가 말하길 "빗자루질 하지." 두 번째 청소부가 말하길 "쓰레기를 치우고 있소" 세 번째 청소부가 말하길. "동네를 깨끗이 하고 있죠."

속살, 그 부드러움

 계절의 여왕이 찾아 왔습니다. 선거의 열기도 가라앉고 눈에 반짝이나 일시적이고 화려한 것들은 다 사라져 갑니다. 노랗게 핀 개나리와 선홍색의 진달래, 너무나 새하얀 목련 모두 사라졌습니다.
 이제는 눈에 안 띄던 순수한 것들이 새롭게 보일 때지요.
 지난 일요일에는 오랜만에 사진 촬영을 갔었습니다. 그동안 바쁜 일정으로 가지 못했는데 정말 무엇인가 숨쉴 곳이 필요해서 피곤한 몸을 이끌고 가게 되었습니다.
 오며 가며 자연의 숨소리를 들으니 초록의 물을 머금은 나무처럼 싱그러움을 느낄 수가 있었습니다. 촬영 장소는 충북 진천 초평 저수지였습니다. 새벽 4시에 출발해서 5시 50분에 도착했는데 많은 낚시꾼들이 모여 있더군요.
 그곳에서 아침에 피어오르는 물안개와 그 물안개를 벗삼아 낚시하는 사람들을 찍었습니다. 그리고 올라오는 길에 과수원의 배꽃이 너무 아름다워 차를 세웠습니다. 비가 와서 신발에 진흙이 묻는 지도 모르고 이제 새순과 꽃이 올라온 배나무 사진 찍기에 몰

두했습니다. 그렇게 아침나절을 사진과 자연에 묻혀 지내다가 오후엔 모교에서 어린이날 행사가 있다기에 가 보았습니다. 너무나 천진스럽고 순수한 아이들의 모습에 시간 가는 줄 모르고 아이들이 뛰어 노는 모습을 보고 돌아왔습니다.

그 날은 속살의 부드러움과 순수함을 만끽하고 왔던 날이라 생각합니다.

진천에서 촬영을 마치고 돌아오는 길에서 본 나무들의 속살, 그리고 모교의 교정에서 본 아이들 모두 저는 이제 피어오르는 속살이라고 생각됩니다.

그들은 특별히 화려한 색채를 띠거나 우아한 자태를 지니지 않았습니다. 그런데도 그렇게 아름답게 보이고 사람의 마음을 편안하고 기분 좋게 하는 이유는 무엇일까요. 그것은 속살의 부드러움과 순수함이라 생각됩니다.

어린 나무는 어른 나무처럼 짙푸른 초록색을 띠지 않고 수줍은 듯 쏘옥 올라오는 연녹색의 새순에 사람들은 반하는 것이겠고, 아이들은 어른처럼 굵거나 앙칼진 목소리가 아닌 또랑또랑한 목소리와 아무런 의도가 없는 목소리로 노래하기 때문에 사람들은 어린이의 모습을 보고 미소를 짓고 기분 좋아하는 모양입니다.

그런데 이제 올라오는 나무의 새순이 기존에 있던 잎처럼 짙푸른 녹색을 띠고 올라온다면 사람들은 별로 눈길을 주지 않을 것이며 신기함도 느끼지 못할 겁니다. 또한 아이가 순수하지 못하고 어른의 때가 끼었다면 기분이 좋아지기보다는 오히려 인상을 찌푸리겠지요. 저 아이는 너무 어른스럽구나 하구요.

새순은 새순답게 부드러운 촉감을 지닌 연녹색이어야 하고 아이는 부드러운 우윳빛 살결과 순수함을 지녀야 아이다운 것이겠지요. 그것은 당연한 일이겠고, 그렇게 되어야겠습니다.

하지만 현실은 그렇지 못합니다. 나무는 연녹색의 부드러운 새순을 더 좋아하고 신기해하면서도 아이는 그 속살 같은 순수함을 미더워 하지 못합니다. 순수함보다는 빨리 어른의 조숙함을 배우기를 원합니다. 생각해 보면 우리 어린 시절도 그만큼이나 더디고 부모님의 속을 태웠건만 그때를 생각 못하고 우리는 아이들에게 너무 어른을 닮으라고 재촉하고 있습니다. 한 학부모님은 이제 4학년인 아이가 도대체 개념이 없다는 것입니다. 놀기만을 좋아하고 무엇을 하려 하면 아무 생각 없이 한다는 것입니다. 나의(주위에서 조숙하다는 말을 자주 들었던) 성장 과정을 볼 때 살아가는 것에 대해서 생각해 본 것은 중학교 1학년 무렵인 것으로 기억합니다. 그때부터 공부가 하고 싶은 생각이 들어 공부를 하게 되었습니다. 제 자신도 신기하더군요. 그러니까 남학생의 경우 자기 자신에 대한 생각을 하는 시기는 빨라야 중학교 1학년이라는 것입니다. 시간을 두고 느긋하게 기다렸으면 합니다.

나무에 물과 거름을 많이 준다고 해서 그 연녹색 새순이 때도 안 됐는데 짙푸른 녹색이 되지 않습니다. 시간이 흐르면 자연이 그렇게 되는 것이듯, 사람도 마찬가지라고 생각됩니다. 지나치게 빨리 성장시킨다고 해서 10살인 아이가 20살이 되지 않습니다. 지식적인 면은 채울 수 있다고 해도 정신적인 면은 20살이 될 수 없지요. 물론 지식적인 면만을 기르려고 하는 사람에게는 할 말이 없습니다. 하지만 사람은 지식만 가지고 살수는 없잖습니까! 전인적인 인격체이길 원한다면 다 때가 있는 법이지요. 나무를 기르는 것처럼 말라죽지 않도록 제때 물을 주고 지나치지 않을 정도의 영양분을 주는 것이 최선입니다. 빨리 크게 한다고 물을 많이 주거나 영양분을 지나치게 많이 주면 식물은 죽어버립니다. 시기에 따른 적절한 조절이 필요합니다. 아이들도 너무 지나친 간섭과 관심은 아이의 자율성을 잃어버릴 수 있고 또 관심을 두지 않으면 힘없는 나무처럼 망가져 버릴 것입니다.

　가장 아름다운 식물이란 봄에는 싹을 틔우고 여름에는 꽃을 피워야 하며 가을에는 황홀한 단풍을 겨울에는 당당한 거목의 모습을 보여주는 식물 즉, 정상적인 과정과 적당한 시기를 거친 것이라야만 식물다운 식물이라 할 수 있겠지요. 그것처럼 지금 아이들에게 가장 좋은 것은 순수함과 인간다운 모습입니다. 봄이 무르익을 무렵 창밖을 보십시오. 나무에는 연두색의 부드러운 속살이 빼꼼히 고개를 내밀고 있습니다. 얼마나 귀여운 모습입니까? 아이들도 지금 그런 모습이어야 하지 않을런지요. 너무 어른의 때를 묻히려고 하지 마십시오. 다 때가 되면 묻히려고 하지 않아도 어른의 좋고 나쁜 것들을 배우게 됩니다. 아이들이 다른 아이들처럼 약삭빠르면 좋겠는데 그렇지 못하다고 너무 속상해 하지 마세요. 오히려 순수한 그 아이가 바르게 자라고 있는 것입니다.

　흔히 인생은 마라톤이라고 합니다. 젊은 사람이 이런 말을 하기에는 좀 이른 감이 있지만 그 마라톤을 할 때에는 처음에 빨리 달린다고 해서 결승점에 빨리 도착하는 것은 아니지요. 나중에는 지치거나 달리는데 흥미가 없어져서 중간에 포기하는 경우도 있고 오히려 늦게 달리는 사람에게 추월 당할 수 있다고 생각합니다.

지금 아이에게 지식적인 면을 빨리 가르쳐 준다고 해서 일등 하는 것은 아니라고 생각합니다. 시기가 되면 자연히 필요로 할 것입니다. 따라서 지식적인 면만을 강조하지 말고 지금 가질 수 있는 순수함을 배우고 느낄 수 있도록 해달라는 것입니다.

나무의 속살이 느낌이 좋은 것은 그 부드러움과 순수함이라고 생각됩니다. 아이의 순수함을 키워 줄 수 있는 교육이었으면 합니다.

학부모님 덕분으로 현장학습 잘 다녀왔습니다.

항상 현장 학습하면 처음의 취지를 살리지 못하고 롯데월드니 자연 농원이니 서울 랜드로 놀이 기구를 타는 시간으로 잘못 운영되어 왔는데 이번 남한 산성은 오랜만의 자연 바람을 맞이하고 온 좋은 시간이었다고 봅니다.

소풍하면 떠오르는 보물찾기도 하고 왔습니다. 정말 좋은 시간 보내고 왔습니다. 몇몇 친구들은 힘들어서 아프기도 했지만요.

아빠, 휘파람을 부세요.

아침 저녁으로 불어오는 싸늘한 가을 바람에 옷깃을 여미게 됩니다. 가을은 이상한 기운을 지녔습니다. 사람을 편안하게 만들며 들뜨고 안정되지 못한 사람도 철학자처럼 만드니 말입니다.
얼마 전에 읽은 고김현승님이 쓴 시구가 떠올라 먼저 인용합니다.

바쁜 사람들도 굳센 사람들도 바람과 같던 사람들도 집에 돌아오면 아버지가 된다.
―― 중　략 ――
아버지의 눈에는 눈물이 보이지 않으나 아버지가 마시는 술에는 눈물이 절반이다. 아버지는 가장 외로운 사람들이다. 「아버지의 마음」중에서

이 시에서 김현승님은 아버지의 무게와 고독을 참 잘 표현했습니다. 고독은 했어도 그때 아버지는 권위가 있었고 때론 존경을 받았지요. 고독하였지만 존경을 받았던 그리고 산업 역군이었던 아버지가 낳은 자식들이 지금은 아버지 역할을 하고 있습니다. 그러나 생전 처음 해보는 아버지의 노릇이 만만치 않다고 합니다.

요즘 초등학교 저학년이 그리는 그림엔 어머니는 크게, 아버지는 왜소하거나 누워 있는 인물로 등장한다고 합니다. 지금 이 글을 읽는 아빠들의 아이들은 어떨지……

얼마 전에 신문에서 30대 아빠들의 하소연을 읽었는데 여기에 몇 이야기를 적어봅니다.

아홉 살 여섯 살짜리 남매가 언제부턴가 출퇴근 때 인사를 잘 안해요. 아내가 채근하면 겨우 하지요. -증권사 이 차장 37세

아들이 등교시간에 늦어 승용차로 바래다줬더니 '아빠, 열심히 해'라고 반말로 돈 잘 벌어 오라는 듯이 말하지 않겠어요. 누가 들었을까 봐 얼굴이 화끈거리더군요. -개인 사업 P씨·36세

어쩌다 하루 쉬면서 어떻게 아이들을 야단칩니까. 몇 번 그래 봤더니 '아빠는 툭하면 신경질'이라고 일기에 쓰고 자꾸 나를 멀리해요 -회사원 K씨·37세.

요즘 아이들의 이런 태도에 대해 광주 교대 박남기 교수(37세. 교육학)는 "우리들의 졸린 눈에 비치던 지치고 술 취한 아버지는 연민의 대상이었지만 지금의 아이들에게는 그냥 싫은 모습일 뿐"이라고 말한다. 가족의 경제적인 안정을 위해 애쓰는 모습만으로는 미흡하다는 것이다.

어머니가 아이들에게 하는 반복 학습의 내용도 달라졌습니다. 과거 어머니는 '얼마나 힘드시면 또 술을 드셨겠니'라며 아버지의 영상을 좋게 가꾸었습니다. 그러나 요즘 30대의 가정에선 '(웬수가) 또 술 먹고 왔다. 너희들은 들어가 자'라는 선전포고가 울려

퍼지기도 한다는 것입니다. 이제 '가장(家長)'으로서의 아버지는 '집안의 어른'이라는 멋있는 뜻을 지닌 채 국어사전 한쪽으로 숨어 버린 것입니다.

　초등학교 3-4학년의 아이들의 일기장에 나타나는 아빠들이 모습은 어떨까요? '다른 애들을 보면 쉬는 날에는 엄마 아빠하고 놀이 동산에 가는 게 가끔 부럽다. 나는 아빠가 쉬는 날을 잠으로 때우는 게 정말 심하다고 생각한다. 어린이날에는 장난감도 안 사주고 잠만 잤다. 정말 아빠가 밉다.' 이렇게 아빠의 모습을 그립니다. 그 아버님의 사정을 대변할 겸 그리고 아이의 마음도 풀어줄 겸 아이를 불러서 상담한 적이 있습니다. 그런데 그 아버지의 사정을 알고 보니 휴일에 잠을 자는 이유가 야간 근무를 한다는 것입니다. 그리고 그것도 하루걸러 주간에 근무하고요. 정말 어쩔 수 없는 상황인데 아무런 생각 없는 아이는 아빠를 싫어하고 있었습니다. 상담 후 그 아이는 아빠의 일을 조금 이해하고 마음을 고쳐먹었지만 밑바탕에 깔린 서운한 생각은 변함 없었습니다. 또 다른 아이들의 불만은 '늦게 들어와 야단만 치고…….' '신문만 보고 담배만 피고…….' '툭하면 야단만 친다'로 이어집니다. 같이 놀아 주지도 않는 무섭기만 한 아빠 이런 아빠 때문에 스트레스가 꽉꽉 쌓인다더니 급기야는 아빠를 바꿔 보고 싶은 마음도 생겼다고 말하는 아이도 있습니다. 이럴 때 우리아버지들은 참 난감합니다. 정말로 아이들에게 아빠의 일하시는 모습을 때론 보여줄 필요가 있다고 봅니다.

　요즘 아버지들 정말 설자리가 없다고 들었습니다. 아침저녁 뉴스에 단골로 등장하는 조기 퇴직 바람으로 넥타이를 다시 한 번 추스르게 합니다. S그룹에서는 820여명을 감축한다는 이야기며 어떤 기업에서는 고령의 중견 간부들을 제치고 30대 이사가 등장했다고 떠들어댑니다. 그래 중견 사원들은 이에 또 긴장합니다. 가정에서는 오붓하게 가족끼리 외출한 기억이 가물거립니다. 요즘 아이가 아빠 보는 눈이 심상치 않다고 일요일에는 야외에 나가서 아이들하고 놀아 주라는 아내의 걱정스런 눈빛도 책상머리에 앉자마자 떠오릅니다. 마음 같아서는 저녁에 일찍 들어가서 이 녀석 공부도 봐주고 비행기도 태워 주고 말놀이도 해주고 싶지만 마음과 같지 않습니다. 회사에서는 감원 바람으로 모두들 눈치보며 쌍심지를 켜고 일하고 위 상사에게 잘못 보이지 않으려고 퇴근 시간까지 뒤로하고 일하는 모습은 이제는 옛이야기가 되어 버렸고 일요일도 나가 일해야 그나마 체면 유지는 된다고 합니다. 어쩌다 일찍 들어가는 날이면 가족들이 반기는 것을 뒤로해야 합니다. 내 몸이 피곤한데 자식의 재롱과 아내의 애교(?)가 눈에 들어 올 리 없지요.

 아직 결혼을 하지 않아서 30~50대 아빠의 위치와 위기를 잘은 모릅니다. 하지만 주변의 사람들을 통해서 듣고 보고 있습니다. 그래서 이 글을 통해서 아빠들의 힘든 점을 이야기하고 같이 공감하고자 합니다. 또한 지금의 아버지들은 이 글을 읽고 자신을 다시 추스르는 기회가 되었으면 합니다.

 오늘날의 젊은 아버지에게 문제는 권위의 상실입니다. 아버지가 권위를 상실하게 된 것은 무엇 때문일까요. 어머니의 경제적인 역할 증대와 더불어 부모로써 자신의 합법적인 권위를 상실했기 때문입니다. 권위의 사전적 의미는 일정한 부분에서 일정한 영향을 끼칠 수 있는 능력이나 위신이라고 되어 있습니다. 하지만 오늘날 사회 통념상 권위는 머리에 든 것 없는(지식의 결핍) 사람이 자기의 위치를 억지로 지키기 위해서 피우는 고집이라고 인식되고 있습니다. 그래서 권위는 있어서는 안될 것 21세기를 지향하는 사회에서 어울리지 않는 것으로 여겨지고 있습니다. 하지만 미래 사회에서도 권위는 필요합니다. 그것은 자기의 건재함을 과시하는 힘으로서의 권위가 아닌 전문가로서의 권위, 가장으로서의 권위, 사회적 지도자로서의 권위는 필요하고 요구된다고 봅니다. 따라서 아버지의 권위는 있어야 하며 이는 억지로 세워지는 권위가 아닌 자연스럽게 세워지는 권위여야 할 것입니다. 이 권위는 힘의 권위와는 성격이 다릅니다. 힘의 권위는 자기 자신이 다른 사람을 누름으로써 세워지지만 전문가로서의 권위, 가장, 사회적 지도자로서의 권위는 자신이 세운다고 세워지는 것이 아닙니다. 다른 사람이 세워 주고 유지시켜 주어야 합니다. 그런 권위야말로 생명력이 있고 설득력도 있는 것이겠지요. 자신이 세운 권위는 그 사람의 힘이 쇠퇴하면 사라지지만 다른 사람이 세워준 권위는 쉽게 무너지지 않으며 생명력도 있게 되는 것입니다. 의사의 권위는 환자들이 세워 주는 것이겠고 선생님의 권위는 아이들과 학부모요, 가장의 권위는 아이들보다 어머니가 세워 주어야 할 것입니다. 어머니가 무시하지 않는 아빠라면 아이들도 무시하지 않을 것입니다. 아이들이 아버지를 무시한다면 어머니가 드러내 놓고 무시하지 않았다고 할 지라도 은연중에 아버지의 권위를 떨어뜨리는 말과 행동을 하고 있다는 것입니다. 가정에서 아버지에 대한 권위를 세워주십시오. 어느 사회 건 권위가 없으면 그 사회는 흔들립니다. 가장의 권위를 세우기 위해서는 어머니의 적극적인 지원이 필요합니다. 그리고 아버지로서는 먼저 아이들과의 약속을 지켜야겠지요. 아이들과의 관계도 수직적인 관계가 아닌 이해의 관계로 전환한다면 아이들도 아버지를 이해하기 위해 노력하고 아버지를 더 존경하리라 봅니다.

이제는 우리 아빠들도 휘파람을 불게 해주세요. 비록 회사에서는 상사에게 야단맞고 컴퓨터로 무장된 후배에게 치인다고 할지라도 집에 오면 무언가 재미있는 일이 있고 누군가 반겨 줄 사람이 있다는 것은 남자로 하여금 휘파람을 불게 하지요.

지금의 아버지라고 좋은 아버지 좋은 남편이 되고 싶지 않겠습니까. 직장에서 위에서 짓눌리고 후배에 치받치는 판에 애들과 오손도손 놀아 줄 짬이 없을 것입니다. 아버지의 권위는 어머니가 되찾아 주십시오. 어머니의 권위도 마찬가지지요. 서로가 존중해 줄 때 아이들도 부모님을 존경하게 될 겁니다. 이제는 아버지들 또한 뭔가 달라져야겠습니다. 좋은 아버지가 되기가 쉽지 않겠지만 무언가 대책이 필요합니다. 아이들에게 한 번 더 다가가려 애써보십시오. 한 발 더 다가가는데 도움이 될 것 같아 아래에 '자녀 사랑을 실천하는 아버지 모임'에서 실천하고 있는 지침을 실었습니다. 참고하시지요.

▼자녀 친구 전화를 친절하게 받아 주세요 : 친구에게 인기가 많은 아버지가 아이들의 챔피언이거든요.
▼자녀의 키와 몸무게를 표시해 두세요 : 아빠 사랑을 느끼며 어서 크고 싶어 더 잘 먹게 됩니다.
▼운전할 때 욕설은 금물 : 집에서와 같지 않은 아버지의 언행을 아이는 유심히 쳐다보고 있습니다.
▼바쁘다는 핑계는 이제 그만 : 마음 있는 곳에 시간 있는 법. 아이의 운동회 날에는 휴가를 내면 어떨까요. 활짝 웃는 아이 얼굴을 위해 상상의 찡그린 얼굴쯤은 잊어버리세요.
▼시간을 지켜 온 가족이 둘러앉아 식사합시다 : 아빠 없는 식탁에 익숙해진 자녀는 아빠 존재에 무관심해집니다.
▼집에서 노래를 부르세요 : 노래부르는 아버지는 가정의 활력소. 아이들도 따라 하게 되죠.
▼자녀 이름을 짓게 된 동기와 뜻을 자세히 알려주세요 : 아이가 자기 존재에 대해 긍지를 갖게 돼요.
▼할머니께 전화를 자주 걸도록 시키세요. : 부모님을 존경하는 부모 밑에서 자란 자녀가 그 부모를 존중합니다.
▼최고가 되라고 가르치지 말고 최선을 다하라고 가르치세요.
▼자녀 성적보다 특기에 관심을
▼공부하라는 말에 앞서 공부하는 모습을 보여 주세요.
▼공부 잘하는 것을 물질로 보상하지 마세요.
▼부모와 다른 의견을 말할 수 있는 자유를 주세요.
▼기호나 취미를 강요하지 마세요.
▼아이들 앞에서 아내의 잘못을 지적하지 마세요.
▼아이가 보는 앞에서 부부 싸움을 하지 마세요. : 부모에 대한 신뢰가 깊었던 만큼 싸우는 모습은 큰 상처로 남습니다.

▼훈계는 짧게
▼밥상머리에서 야단치지 마세요.
▼체벌은 최선의 선택이 아닌 최후의 선택 : 체벌의 정도와 방법은 아이 스스로 정하게 하세요.
▼잊지 못할 추억을 만들어 주세요 : 어떻게 하느냐구요?

시골에 가서 마당에 멍석 깔고 별 보기, 씨름하기, 편지 쓰기, 음악회 가기, 어린이 만화 같이 보기, 생일날 카드 보내고 아이 방에 풍선 달아주기, 크리스마스트리 장식하기, 촛불 켜놓고 얘기하기, 직장에 데리고 가기, 함께 음식 만들기, 같은 색깔과 모양의 옷 입기, 유리병에 고구마 키우기 등 너무 많으면 몇 가지만 하셔도 됩니다.

위에 제시한 지침은 현실적으로 가능하지 않은 것도 있습니다. 참고하셔서 아이들과 함께 하는 시간을 만드십시오. 그리고 매번 기억하기 힘들고 또 잊어버리기 쉽기 때문에 수첩에 메모해서 달별로 날짜를 정해 실시해 보십시오. 한 달에 한 번 정도라도 아빠와 함께 하는 시간을 갖는다면 아빠를 보는 눈과 태도가 달라질 것입니다. 정말입니다. 꼭 한 번 시행해 보십시오. 작은 변화가 있을 것입니다.

아버님들 이제는 휘파람을 부세요. 바쁘고 정신적인 여유가 없다면 만드십시오. 억지로라도... 직장에서의 스트레스는 직장에서 해결하거나 잠시 잊어버리시고 집에 와서는 즐거운 일만 생각하십시오. 그리고 정말 힘들 땐 아내와 이야기를 나누세요. 어느 경우엔 이야기를 하기만 해도 문제의 해결점이 자연이 나오거나 아이디어가 떠오르던데요. 자기 스스로 여유를 찾으려고 노력하면 본인이 달라지는 그 기분을 느끼게 될 것입니다.

  결론적으로 아버지들이 휘파람을 불려면 어머니가 아버지를 인정하고 아이들에게 아버지로서의 권위를 세워 주고 인식시켜 줄 때 가능하다고 봅니다. 거기에 더불어 아버지의 노력도 필요하고요.

별 만들기

한 겨울이 실감날 정도로 매서운 추위가 계속되고 있습니다. 추운 겨울에는 사랑만큼 따뜻한 것은 없겠지요.
지금 반 아이들은 밖에서 불우 이웃을 돕는 성금 모으기에 바쁜 하루를 보내고 있습니다. 추워서 코가 빨개진 모습으로, 성금 모으다 감기 걸려서 콧물 흘리는 모습으로, 오해를 받고 경찰서에서 담임인 저나 부모님의 설명을 듣고 겨우 나오면서……. 각자 작은 사랑을 나누기 위해 열심히 뛰고 있습니다. 아이들지기로선 그 모습이 얼마나 아름답게 보이는 지 모릅니다.
'정말 일 년 사이에 이렇게 많이들 컸구나!' 하는 생각이 들어 가슴이 벅차 오름을 느낍니다. 학기초에는 정말 정신 없을 정도로 자기 것만을 소리 높여 강조하던 아이들이었는데 1년이란 세월이 흘러 저렇게 정과 따뜻한 모습을 지닌 사람으로 변한 아이들이 정말 고맙고 대견스럽게 생각됩니다. 비록 철없는 생각으로 성금을 모은다고 할지라도 말입니다.
오늘 아침자습으로 동기선(생각을 일으키는 데 도움을 주는 선-창의성을 키우기 위한 방법 중 하나임)을 이용한 그림 그리기를 내 주었습니다. "삼각형 두개를 이용하여 그림을 그려보아라" 라고 했는데 여러 가지 그림이 나왔습니다. 오징어도 나오고 해뜨는 산도 나오고 안경, 자전거 타는 사람 등 생각지도 못한 그림들이 많이 나왔습니다.

아침자습으로 두 삼각형을 이용한 그림을 그리게 한 것은 서로 부조화를 이루고 있는 아이들이 어떻게 하면 서로의 가치를 인정해 주고 서로 잘 화합할 수 있을까 하는 고민에서 출발하였고 그것을 이야기 해주기 위해서였습니다. 그렇다면 두 삼각형(△▽)이 가장 잘 조화를 이룬 형태는 무엇일까요? 그것은 정삼각형과 역삼각형이 별(☆)모양으로 조화롭게 어우러진 상태라 할 수 있습니다.

외로운 개체로서 따로 따로 떠돌던 삼각형이 기적처럼 '하나'로 만났을 때 그것은 단지 두개의 삼각형의 결합 형태인 육각형이 되는 것이 아니라, 눈부신 빛을 발하는 별(☆)이 되는 것입니다.

사람이 하나의 별로써 피어나기 위해서는 무엇보다 먼저 상대방의 빈 부분을 메워 보려는 능동적이고 헌신적인 자세를 취해야 하는 것이겠지요. '나' 라는 삼각형과 '너' 라는 삼각형이 다같이 똑바로 서 있기만을 고집한다면 뾰족한 산처럼 버티고 있는 꼴이 될 것입니다. 그리고 두개의 삼각형이 일정한 거리를 두고 팽팽한 싸움을 계속 벌인다면 이것 역시 섬처럼 떠 있는 꼴이 될 것입니다.

참다운 사랑 만들기 그것은 둘이서 별 하나를 태어나게 하는 합일의 완성, 즉 가장 아름다운 만다라(曼茶羅)를 이룰 때 가장 참

다운 사랑이 아닐는지요.

　사람이 가장 아름다워질 수 있을 때는 서로가 그 사회 안에서 조화를 이룰 때라고 생각됩니다. 여기서의 조화란 대충 그 체제 내에서 엉겨 붙어 살아가는 것이 아니고 다른 사람을 일으켜 세워주고 지탱해주는 것으로써의 조화, 즉 더불어 살아가는 것입니다.

　두 삼각형을 이용하여 별을 만든 아이들을 칭찬해 주면서 아이들과 함께 사람이 가장 아름답게 사는 방법과 자세는 무엇일까를 함께 생각해 보았습니다.

　누구나 각자의 삶이 있고 어떻게 살아가느냐는 각자의 책임이지요. 자기의 인생은 자기 자신 것이니까요. 하지만 세상은 혼자만의 것이 아니지요. 내 자식 내 아내 내 남편을 위한다는 것이 다른 사람과 더불어 사는 삶에 피해를 주는 것은 아닌지 생각해 보아야겠습니다.

　이 세상이 메마르지 않고 더불어 살아가는 세상이길 원한다면 서로간의 사랑이 필요하지 않겠습니까. 서로가 서로를 필요로 하는 그런 세상 말입니다.

　그러면 우리의 아이들은 더불어 살아가는 삶을 얼마나 알고 있고 서로를 얼마나 이해하려 할까요.

　지금의 아이들은 여전히 자기 것을 챙기기에 정신 없습니다. 급식 시간이 되면 먼저 맛있는 것이 없나를 살피고 "남은 것 더 먹을 사람!" 하는 급식당번의 외침이 떨어지기가 무섭게 달려나오는 아이들이 있습니다. 그런 아이들은 다른 사람과 같이 나눠 먹어야 하는 데도 자기 것부터 듬뿍 떠놓고는 다음에 오는 사람에게 "이 것밖에 없었어! 좀 빨리 나오지 그랬냐! 다음에는 빨리나와라!" 하면서 자기가 잽싸게 나온 사실이 대견하듯이 식판을 가지고 들어갑니다. 그러면 걸음이 늦거나 그 소리를 못들은 아이 다른 사람이 먹고 나면 자기도 먹으려고 기다렸던 아이는 더 먹고 싶어도 더 먹지를 못합니다. 그러면 이 아이들은 이런 생각을 하겠지요. '다음에는 앞에서 대기했다가 잽싸게 뛰어 나와야지, 다음에는 양보 안 할거야! 나만 양보하면 뭐해 오히려 매번 손해만 보잖아!'

이런 생각으로 아이들이 자라난다면 자기행동은 있되 다른 사람을 생각하고 좀더 조화를 이루면서 살려는 책임 있는 삶과는 거리가 멀어지겠지요.

왜 옆의 친구도 먹고 싶다는 것을 아이들은 알지 못하고 자기 것만 챙기려 할까요?

아이들이 자기 것만을 챙기려 하는 데는 가르치는 사람들의 잘못이 있습니다. 무엇이든 아이들 위주로 가정이 운영되어 왔고 또한 아이들이 모든 것이 자기 위주로 돌아간다고 생각하도록 우리들이 모든 일을 처리해 왔지 않았나 생각됩니다. 먹을 것도 아이들 위주요, 휴가도 아이들 시간과 맞추고 집도 아이들 학교 통학에 맞추어 정하게 되고요. 이런 과정을 통해서 가정에서 아이들의 역할이 불명확하거나 너무 큰 비중을 차지하지 않았나 생각됩니다. 그리고 또한 자신은 가족의 한 구성원 중에 불과 하며 하나의 별을 만들기 위해서는 가족 구성원 모두가 중요하다는 것을 일깨워 주지 않았기 때문입니다.

하지만 옛날에는 자연스럽게 별을 만드는 과정을 배울 수가 있었습니다.

혼자 집을 보고 있을 때 어머니께서 시장에서 귤 한 봉지를 사오게 되면 그 귤을 혼자서 다 먹을 수 있는 것이 아니었습니다. 한 봉지가 있으면 아버지, 어머니, 형, 동생, 누나 것 등을 어림한 다음 내 몫을 먹게 됩니다. 그 귤이 맛있다고 혼자 다 먹게 되면 부모님께 버릇없다고 꾸중뿐만 아니라 나눌 줄 모르는 무식한 놈이라고 호되게 야단맞고 학교에서 늦게 돌아오는 형이나 누나에게는 얻어맞기 일쑤였지요. 또한 모든 가정 일이 내 위주가 아니라 가족 모두의 생각과 일정을 바탕으로 이루어졌습니다. 이런 과정이 좀 없어 보일 지 모르지만 나눈다는 것의 의미를 파악할 수 있었고 자연스럽게 다른 사람을 배려하는 마음을 키울 수가 있었지요.

이에 반해 지금의 세대들은 핵가족 체제 내에서 성장하고 있습니다. 그래서 옛날처럼 먹는 일로 싸우는 경우가 드뭅니다 먹을 것이 남아돌다 보니 남의 몫에 대해서 신경 쓸 필요도 없고 그저 모든 것이 내 것일 뿐 남의 것은 생각지도 못합니다. 이러한 가운데서 지금의 아이들은 자기중심적인 사고방식을 자연스럽게 형성하게 되었는지도 모릅니다.

대가족일 경우 집안에 늘 어려운 어른이 계셔서 말버릇이나 행동에 대해서 조심하지 않을 수 없습니다. 또 다양한 연령층이 있다보니 집안에 찾아오는 손님들도 다양하고 동네 할아버지부터 이웃동네 형들까지 참으로 여러 연령층의 사람들을 접하면서 삽니다. 그렇기에 기성세대들은 이때부터 나보다 한 살이라도 더 먹은 사람들한테나 또 내 집 식구들과 가까이 지내는 사람들에 대한 사회적인 예의라든가 행동을 자연스럽게 배우면서 자랐지 싶습니다.

 그런데 핵가족 체제 내에서 생활하는 아이들은 어떠한가요? 한 가정에서는 식사를 마치고 아버지와 아들이 누워서 텔레비전을 보고 있습니다. 아들이 재미없어지면 발을 들어 아버지를 가리키며 6번 틀어보라고 하고 아버지는 그것을 아무렇지도 않게 받아들이면서 오히려 그곳에서 뭘 하는지 궁금해하면서 채널을 틀어줍니다. 아버지에게 반말로 더구나 발짓으로 아버지에게 부탁하고 또 그것을 아버지는 고치지 않고 아무렇지도 않다는 듯 시키는 대로 합니다. 요즘 가정의 모습입니다.

 이 가정의 겉모습을 보면 그 아이와 아버지는 허물없이 친하구나 할 수 있겠지만 다른 사람이 보았을 때는 얼마나 버릇없는 행동입니까? 이것의 원인은 여러 가지로 생각할 수 있겠지만 옛날과는 달리 집안에 '어른' 같은 어려운 사람이 없어서 그런 듯싶습니다. 어른이란 단순히 나이만 먹었다고 어른일 수는 없을 것입니다. 때로는 관용을 베풀 줄 알고 엄하게 꾸짖어 잘못된 행동을 바로 잡아주어야 어른이라 생각됩니다.

 부모가 자식과의 벽을 없애기 위해서 공놀이도 하고 농담도 주고받고 때로는 바둑을 두다가 한 수 물려달라고 얘기하는데 안 물려주어서 아들과 싸우는 때도 있습니다. 그러나 그렇다고 해서 부모와 자식간에 지켜야 할 위계질서가 붕괴되어서는 안되겠지요.

부모는 어디까지나 부모로서 자녀들 앞에 존엄한 위치를 지켜야 겠습니다. 개방적으로 자식을 키운다느니 어디 가서 기죽지 않게 하려고(자신은 옛날 부모님께 기죽고 자랐다는 쓰라린 추억이 있다면서)격 없이 친구처럼 지낸다면서 부모로서의 역할과 위치를 스스로 무너뜨리는 것은 아닌지 모르겠습니다. 이런 이유들로 요즈음 아이들은 어른들 앞에서 자신을 낮출 줄 모르고 소위 건방지게 행동하는 것입니다.

아이들을 개방적이고 자율적이되 예절을 알고 베풀 줄 아는 어린이로 키워야겠습니다. 그러기 위해서는 부모님의 가치관이 확실하게 정립되어야겠습니다. 융통성 있으면서도 흔들리지 않는 가치관 그것은 이 세상에는 다른 사람이 살고 있다는 것 그리고 함께 어울려서 살아야 한다는 것을 가르쳐 주는 가치관이어야 합니다.

정말 나의 이익을 위해서 다른 사람에게 고통을 안겨 주는 일은 없어야겠습니다.

우리 사회에서 별 만들기는 서로간의 사랑과 다른 사람을 배려하는 데서 만들어집니다.

노래방이 주는 교훈
-어머니의 손맛-

 강렬하게 내리쬐는 태양과 푸른 바다가 있고 시원하게 흘러내리는 계곡이 있습니다. 이 모든 것들이 우리를 향하여 가슴을 열고 다가옵니다.
 시장이 반찬이라는 말이 있습니다. 이것은 음식의 맛을 두고 한 말이 아니라 굶주리고 목마른 사람에게는 맛을 따질 겨를이 없다는 뜻이지요. 하지만 이것도 다 옛날 이야기이고 지금은 맛을 먼저 생각하는 때입니다. 사람에게 주어진 짜고 달고 쓰고 맵고 신 맛은 맛이라고 보기 어렵고 그저 기본적인 미각이라 할 수 있습니다.
 사람들은 이런 미각을 혀에 맞도록 적당히 섞어서 음식을 만듭니다. 그 혀에 맞는 맛은 어릴 적에 형성되고 그 맛을 형성하는 사람들은 어머니입니다. 이것은 흔히 말하는 어머니의 손맛이지요. 우리가 어렸을 때 먹었던 시래기국 한 그릇 고등어 자반 한 토막이라도 어머니 손이 스친 음식은 맛이 있었습니다. 색깔이나 모양은 볼품이 없고 위생에는 좀 문제가 있다고 할 지라도 어머니가 손으로 주물러 만든 음식만큼 입에 맞는 음식은 찾기 힘들지요. 그러나 요즘은 간장 된장 김치도 슈퍼에 나와 있어서 쉽게 사먹을 수가 있습니다. 하지만 아무래도 어머니 손으로 담근 맛은 찾아보기 힘듭니다. 그것은 어머니 손에서는 가족에 대한 사랑과 정성이 묻어 있기 때문입니다.

한 통계(한국 소비자 보호원-94 소비생활 지표:95.5.23일 발표)에 따르면 우리나라 도시가구의 생활비가 차지하는 비중이 29.3%이고 그 중 외식비가 28.1%로 나타났고 그 중 외식비는 일본이 우리 수준이었을 때 세배에 달한다고 합니다. 도시 근로자 식료품비의 거의 1/3이 외식비니 어머니의 손맛은 어디로 간 것일까요? 고급 제과점이나 레스토랑에서 초등학교 어린 학생들이 친구 생일을 축하해주는 풍경이 그리 낯설지가 않다는 보도를 언젠가 본적이 있습니다. 시아버지 생신을 뷔페 식당에 차리는 주부도 흔하다고 들었습니다. 그나마 아름답다고 할 지 모르지만 그래, 나도 골고루 먹고 싶다면서 뷔페식당 생일 잔치를 흡족한 척 받아들이는 시아버지의 심정을 며느리들은 헤아려 보았을까요? 주부의 권리는 꼭 가사노동의 임금 환산만으로 찾아지는 것은 아닐 것입니다.

대학교 생활을 떠올릴 때면 가끔 선배들과의 술자리가 생각납니다. 학과 수업이 끝나면 선배와 동료들 그리고 후배들과 모여서 대학 주변에 있는 소주집에서 김치찌개를 앞에 놓고 소주를 마셨지요. 누구보다도 진지한 열정을 가지고 이야기를 나누었습니다. 그때는 무엇이 그리도 심각했던지 지금 생각하면 싱거운 웃음이 지어지곤 합니다. 하지만 그 시절이 제게 있어서는 무엇보다도 중요한 시간이었고 소중한 추억이었습니다. 그 추억이 생생한 것은 아마도 선후배간의 정을 느낄 수 있는 자리였고 지금의 편리한 노래방이 없었기 때문인지도 모르겠습니다. 지금 직장을 다니는 기성세대도 그렇지만 91·92년 초기까지만 해도 술을 먹으면 그 자리에서 손장단에 맞추어 노래를 불렀었지요. 어깨동무도 하고 고래고래 소리도 지르고 대포집에서 으레 술이 오르면 자연스럽게 노래가 흘러 나왔습니다. 때에 따라서 젓가락도 등장했지요. 직장인 뿐만 아니라 가정 모임에서도 친척들과의 술자리에서도 으레 손뼉과 노래가 흘러 나왔습니다.

그러나 어느 때부터인가 직장인 모임이나 학생들 모임 친척 모임에는 그런 풍경을 찾아보기 힘들어졌습니다. 아마 몇 년이 흐른 뒤 '그때를 아십니까?' 라는 프로그램에 등장하겠지요. 지금은 대부분 사람들이 술자리 후 혹은 노래를 부르기 위해 같이 노래방으로 발걸음을 돌립니다. 정확한 박자에 맞추어 노래를 부르고 다른 사람은 자기가 부를 노래 찾기에 정신 없고 때로는 같이 박수도 치면서 노래도 불러주지만 대부분 마이크를 잡은 사람이 전곡을 다 부르게 되지요. 자기의 노래실력을 다질 수 있는 또 자기의 기분을 즐겁게 할 수 있는 장소는 된다고 할 지라도 서로간에 정을 느낄 수 있는 분위기는 되지 못합니다.

근래의 문화를 보면 참으로 복잡하고 하루가 다르게 변화해서 정신차리지 않으면 따라갈 수 없고 매일 인간의 노동시간을 줄여주는 기계들이 발명되고 있습니다. 주부들에겐 세탁기나 전자 주방기구, 편리한 시스템부엌, 직장인들이나 학생들에겐 컴퓨터 등.

이런 기계들은 우리의 노동시간을 줄여주고 우리들이 좀더 편리한 생활을 할 수 있도록 해줍니다. 어떻게 보면 이런 것들은 정말로 만능이고 어린아이들에게는 우상을 지나서 신적인 존재로 자리잡을 수 있습니다. 하지만 어떤 것은 기계로 하면 본래의 멋을 낼 수 없고 그 효과가 떨어지는 것이 많다는 것을 잊지 말아야겠습니다. 예를 들어 스케치를 할 때 쓰는 미술연필은 자동 연필깎이로 깎으면 쉽고 편리하게 깎을 수 있지만 그것으로 풍경을 그리고 정물을 스케치할 수는 없습니다. 김치 또한 그렇습니다. 아무리 좋은 기계가 발명된다고 할 지라도 옛날 또는 지금의 어머님의 손끝에서 우러나오는 진한 맛은 만들어 낼 수 없지요.
　제가 어렸을 때 보았던 (70~80년) 만화의 소재는 인조 인간 로보트가 인간을 도와 지구의 평화를 지키는가 하면 악당이 지구를 정복하겠다는 마음을 먹고 유명한 박사들을 강제로 끌고 가서 로보트를 만들어 지구를 지배하는 이야기, 또 반대로 인간이 만든 로버트가 인간의 말을 듣지 않고 자기 생각대로 인간을 지배하는 류의 이야기가 많았습니다. 이런 것은 만화이지만 우리에게 시사해주는 바가 큽니다. 그리고 저 또한 그 때 심각한 고민에 빠졌습니다. 정말로 이렇게 인간들이 생각 없이 기계를 만들고 기계에 의존하다가 자기 생각을 잃고 결국에 가서는 기계가 인간을 가르치고 기계가 인간을 지배하는 것은 아닌가 하고 고민에 빠졌었지요. 그래서 중학교 선생님과 심각한 대화를 나누었습니다. 그때의 결론은 인간은 기계에게 지배당할 정도까지 기계에 빠지지 않을 것이고 인간을 가르치는 것은 오직 인간이다라는 중요한 사실을 깨달을 것이다 라고 결론을 맺었습니다. 어떻게 보면 참 쓸 데 없는 생각을 했구나 할 수도 있습니다. 누구에게나 사춘기는 심각한 상상을 하니까요. 하지만 그때의 생각이 기우에 지나지 않았으면 합니다. 기계문명에 휩쓸려 우리에게 정말로 소중한 것을 잃고 있는 것은 아닌지 생각해 보아야겠습니다.

우리의 대표적인 문화는 정의 문화입니다. 그러나 우리는 이 문화를 얼마 전까지 얼마나 수치스럽게 생각했습니까? 제가 고등학교 때(85~87년)만 해도 우리가 일본에게 수치를 당하고 외래의 잦은 침범을 당한 것은 딱 맺고 끊지 못하는 '정' 때문이라고 배웠습니다. 그래서 서구의 합리주의가 좋으니 우리의 가족적인 정 문화에 얽매어 있지 말고 합리주의 정신을 배우고 생활 속에서 실천하라고 했었지요. 심지어 매스컴에서는 얼마나 우리 문화를 매도했습니까? 흐지부지하다느니 결단력이 없다느니 해서 공익광고까지 만들어 서구의 합리주의를 받아들이라고 했습니다. 그래서 우리는 우리의 정 문화는 나쁘고 그것을 하루 빨리 버려야 한다고 여겼습니다.

하지만 대학을 가고 직장생활을 하는 동안에 우리의 정만큼 좋은 것은 없고 앞으로 살아남을 문화는 정에 뿌리를 둔 문화라는 것을 알게 되었습니다. 모든 문화에는 장단점이 있습니다. 그런데 우리는 우리의 문화를 평가하는 데 있어서 좋은 점보다는 좋지 않은 점을 부각시키지 않았나 생각됩니다. 보다 인간적이고 다른 사람을 먼저 생각해주는 즉 일 보다는 인간을 먼저 생각하는 정신이야말로 물질문명시대에 우리가 잊지 말아야 할 귀중한 재산인 것이지요.

  노래방에서 노래하면서 감동 받아 본 적이 있습니까? 노래 부르는 사람의 노래가 아니라 그 분위기에 말이죠.

  제가 얘기하고 싶은 것은 슈퍼에서 파는 김치나 고추장이 더 먹기에 편하고 또 집에서 차려주는 생일 상보다 밖에서 먹는 것이 편하고 멋있어 보인다고 할지라도 우리가 인간으로서 심어 주어야 할 손맛은 잊지 말아야 한다는 것입니다. 노래방 기계가 편리하고 집에서 만든 고추장 된장보다 사먹는 고추장 된장이 시간을 아끼고 편하게 먹을 수 있다고 할 지라도 정과 감동이 없다는 것입니다.

  결국에 인간에게 남는 것은 편리했던 생활보다는 인간적인 정과 추억입니다.

  이글은 95. 7월에 쓰여진 교육통신내용입니다. 앞의 소비자 보호원의 통계수치는 그때의 소비지수를 반영한 것입니다. 현재 그 수치보다는 외식 소비율이 33.7%(통계청-96년)로 점점 증가하고 있고 생일잔치를 패스트 푸드점이나 뷔페에서 하는 것은 이제 일반화되었습니다. 이전의 우려가 일반화되어 씁쓸할 따름입니다.

시간에 쫓기는 아이들!

아침 햇살이 유난히 황금색을 띠는 11월입니다. 황금색의 햇살로 제 생명체에 간신히 매달려 있는 나뭇잎마저도 찬란하게 자기의 색을 내 품고 있습니다. 매순간 자연은 하나 하나 존재의 이유가 있고 그 구성체는 순리대로 제 구실을 충실히 수행하고 있다는 생각이 듭니다.

떨어지는 낙엽이나 나무에 한 가닥 매달려있는 나뭇잎을 보신 적이 있습니까? 보신 적이 없다면 이 글을 읽은 후 한 번 집 앞이라도 나가 보십시오. 한 가닥 남아있는 낙엽에서 절망보다는 새로움에 대한 희망을 느낄 수 있을 겁니다.

오늘도 아이들은 무거운 발걸음으로 어딘가를 향해 가고 있습니다. 어디로 가는 것일까요. 지금의 아이들은 어른보다 더 바쁜 아이들이 많습니다. 속셈학원과 피아노 미술학원 등 바쁜 하루를 보내고 있지요. 그만큼 배울 것이 많다는 것인가요?

지금의 아이들은 행복과 불행함을 동시에 지녔다고 볼 수 있습니다.

행복한 이유는 오늘의 아이들은 물질적으로나 정신적으로 옛날에 비해 정말 많은 사랑과 배려를 받습니다. 사고 싶은 것 입고 싶은 것 모두 원하는 것이면 무엇이든지 나오게 되어있지요. 자식이 사달라는 데 안 사주는 부모 없고 아이들이 원하기도 전에 갖은 약과 음식을 해줍니다. 그리고 아픈 경우는 얼마나 극진히 간호를 해줍니까? 지금 부모 세대에서는 상상을 하지 못했던 그러한 일들입니다. 기성세대들은 물려 입는 옷들을 당연시했고 부모님이 돌봐주시지 못하는 것에 대해 가끔 서운함을 느끼는 것일 뿐 섭섭함을 표현하지도 못했지요. 자신의 어머님 아버님이 생각은 있었을 지라도 너무나 여유가 없었고 바쁜 나머지 곁에서 제대로 간호나 할 수 있었습니까? 이런 점을 볼 때 지금의 아이들은 얼마나 행복한 아이들입니까?

요즘 아이들이 불행하다는 것은 너무나 일찍 문명을 받아들여야 한다는 것입니다. 자연적인 것이 가장 인간에게 어울리고 인간이 결국에는 추구해야 할 삶인데도 지금의 아이들은 서로 경쟁적으로 문명을 받아들여야 합니다. 아이들이 원하던 원하지 않던 간에 문명을 배워야 합니다. 자연의 원리와 순리를 배우는 것이 인간 삶의 최종적인 목적인데 자연을 거슬러 오히려 문명을 배우는 것이 최종적인 목적인양 잘못 생각하는 사람들이 많습니다.

지금의 아이들은 문명을 빨리 받아들여야 한다는 것 때문에 참으로 많은 것을 알아야 합니다. 그래서 하루종일 뛰어 다닙니다. 속셈학원, 피아노, 영어, 한자, 서예, 검도, 미술 등 정말 많은 학원에 다닙니다. 그것이 자의이던 타의이던 받아들여야 하고 어떻게 해서든 문명을 배우는 데서 뒤떨어지지 않기 위해서는 빨리 빨리 배워야 합니다. 살아가는 삶의 원리가 중요하다고 할 지라도 그것이 문명을 배우는 데 방해가 되는 것이면 당연히 버려야 합니다.

이번에 작은 음악회를 준비하면서 또, 중학교 배정원서를 쓰면서 참으로 많은 것을 느꼈습니다.

학급어린이들이 주체가 되어 준비하는 작은 음악회에서 참여를 유도하는 것이 정말 힘들었습니다. 음악회의 의미나 필요성을 매번 설명하고 또 미리 총연습을 통해 '참 좋다.'는 생각을 심어주었고 아이들도 공감했으면서도 참여율이 저조했습니다. 참여율이 적은 것은 아이들이 해야겠다는 주체적인 생각도 부족하지만 서로간에 시간이 맞지 않고 시간이 없다는 것이었습니다. 지금 몇 시간 투자한 것이 어른이 되어서는 정말 잊지 못할 추억이 된다는 것을 알면서도 말입니다. 학원 가는 시간을 조금만 투자하면 될텐데…….

시간에 쫓긴다는 것이 인간적인 도리를 하고 자기 삶을 가꾸는 데 투자하면서 바쁜 것이 아니라 단순히 지식을 암기하기 위해, 학원을 가기 위해 바쁘다는 것이 문제입니다. 아이들을 키우는 부모님들도 아이들 공부를 위해서라면 모든 것을 포기합니다.

사회 일원으로서 기본적으로 지녀야 할 생활력이 없는데도 학생이라는 이유로 공부한다는 이유로 다 용서가 되고 아무렇지도 않은 듯 보입니다. 그런 생활력과 예절은 다 사회에 나가면 배우게 된다면서…….

정말로 웃지 못할 일이 있었습니다. 중학교 배정원서를 쓰기 위해서 급하게 아이들 등본이 필요했습니다. 그래서 아이들에게 등본을 한 통씩 떼어오라고 했습니다. 그런데 몇 아이가 떼어오지 않아서 이유를 물은 결과 어머니가 직장을 나가서 못 떼어 왔다는 것입니다. 그리고는 어머니가 점심때 외출을 해서 떼어온다는 것이었습니다. "그러면 네가 떼어 오면 될 것 아니냐!" 했더니 떼는 방법을 모르고 서울 대방동 동사무소를 어떻게 찾아가야 할지 모른다는 것입니다. 전철로 대방까지 가서 모르면 묻거나 버스나 택시를 타면 된다는 생각을 못하는 것인지 안 하는 것인지 정말 답답함을 느꼈습니다.

또 한 아이는 어머니께서 광명에서 상당히 떨어진 곳에서 가게를 하시는 데 그곳을 비워두고 여기까지 와서 등본을 떼어 가지고 온다는 것입니다. 어머니가 그 먼 곳에서 그 바쁜 와중에 여기까지 와야 하냐고 묻는 질문에 자신은 학원 가느라 시간이 없어서 낮에 등본을 못 뗀다는 것입니다.(등본 떼는 데 얼마나 시간이 걸린다고……)

부모님이 직장에서 눈치를 봐가며 외출해서 등본을 떼어와야 하고 가게문을 닫고 등본을 떼와야 하는 그런 상황을 저는 상상을 못했습니다. 동사무소가 집 근처이고 또 3시 이전에 끝나니까 동사무소에 가서 주소 적고 세대주 이름을 얘기하면 직원이 알아서 해주는 것을 동사무소가 어딘지도 몰라서 또 어떻게 뗄 줄 몰라서라니 정말 한심하기 짝이 없습니다. 설사 자신이 동사무소에 한 번도 안 갔다 할 지라도 부모님이 바쁘시니 내가 가서 등본을 떼어 와야겠다는 생각을 왜 못합니까? 그리고 더 큰 문제는 부모님이 아이들의 그런 시도를 두려워한다는 것입니다.

지식을 배운다는 것 정말 중요합니다. 배우지 않는다면 뒤떨어지니까요. 하지만 지식을 배운다는 이유로 인간이 지녀야 할 가장 중요한 가치와 의미들을 상실해서는 안되겠지요.

공부한다는 이유로 심부름도 시키지 않고 등본하나 못 떼어오는 반편이를 만들고 자기 옷 하나 못 챙겨 입는 아이, 못 하나 못박는 아이 그저 빨리 먹고 공부시키기 위해 밥상머리에서도 아버지보다 수저를 먼저 들고 먼저 내려놓는 아이를 길러서는 안되겠습니다.

정말 지금의 세상에서 문명을 배우지 않으면 뒤떨어지는 것은 사실입니다. 물론 배워야 하지요. 사람은 항상 배움을 추구해야 합니다. 늙어 흙에 묻힐 때까지 변화를 추구하고 다른 사람의 생각을 받아들이기 위해서는 배워야 합니다. 하지만 그 배운다는 이유로 인간으로서 가지고 있어야 할 기본적인 생각과 삶은 버려서는 안되겠지요.

교육에서 가장 중요한 것은 사람을 만드는 것이요 사람되게 가르치는 것입니다.

그 사람은 문명적인 사람이 아니라 자연적인 사람 즉, 스스로 생각하고 행동하며 순리대로 생각하며 세상 앞에 당당한 사람 그러면서 다른 사람에 대한 배려와 예절을 알고 인간의 사랑을 아는 사람입니다.

바로 그런 사람이 교육을 받은 사람이 아닐는지요.

공부시키는 이유가 무엇인지요? 바로 인간을 만들기 위해서가 아닌지요.

공부시킨다는 명목으로 인간적인 교육을 포기해서는 안되겠습니다.
　여러 가지 이유로 교육통신이 늦어졌습니다. 무소식이 희소식이라는 옛 말을 믿습니다.
　저 나름대로 혼란을 좀 겪었지만 그래도 학부모님의 보이지는 않지만 따뜻한 사랑에 다시 일어 설 수 있었고 젊은 열정으로 아이들을 바라볼 수 있었습니다. 마음 같아서는 학교에 매일 와서 아이들을 돌봐주고 싶고 하나라도 저를 도와주고 싶은 마음이 있지만 현실적으로 많은 망설임과 벽이 있다는 사실을 알고 있습니다. 하지만 학부모님의 그 생각을 여기서도 느낄 수 있으니 너무 미안하게 생각하지 마십시오.
　햇살이 유난히 맑고 투명한 늦가을입니다. 가을을 느껴보시기 바랍니다.

선생님 만원 주고 샀어요.

　　1년을 마감하는 제야의 종소리가 들려 옵니다. 아이들의 웃음소리 자선 냄비에서 울리는 종소리, 사람 사람들의 외침 소리 모두들 하나 하나 생명을 지닌 채 살아 있는 소리로 우리 곁에 다가 옵니다. 연말이다 크리스마스다 해서 모두들 들뜨고 흥분된 마음으로 이 가는 해를 보내고 있습니다. 마치 지금이 마지막 시간인 양. 사실은 다시 새로운 시작이 기다리고 있는데 무엇에 그리 집착하고 있는지 모르겠습니다. 그래서 못내들 아쉬워하는 것이고 하나라도 더 잡으려 뛰어 다니는 것이겠지요. 12월 31일과 1월1일은 1년의 격이 있지만 사실은 하루밖에 차이가 나지 않는데 보통의 우리에게는 큰 의미로 다가오나 봅니다. 삶이 평범하다는 것도 문제가 있지만 그렇다고 갑작스런 변화를 가져오는 것도 위험한 것이라고 봅니다. 해가 바뀌었다고 해서 새로운 일을 해야 하는 것은 아닌데 무슨 계획을 꼭 세워야 하고 새로운 일을 해야만 하는 것처럼 느껴집니다. 사람들 중에는 해가 바뀌어도 지난 해에 하던 일, 계획을 그대로 가지고 꾸준히 행하는 사람들이 있습니다. 우리는 너무 근시안적인 안목으로 계획을 세우고 그것을 행하며 너무 성급하게 결과를 바라고 있지 않나 하는 생각이 듭니다.
　요즘 아이들 참 풍부한 조건에서 살아갑니다.
　소위 삼풍(三豊)시대에 살고 있지요. 먹는 것 입는 것 쓰는 것 등 모든 것이 풍족한 사회에서 살고 있습니다. 그런데 그 풍족함 속에는 배고픈 것을 참고 기다렸다가 먹어서 감사함과 뿌듯함이 담긴 풍족함이 아니라 그럭저럭 노닥거리며 먹는 '백수'나 '건달'로서의 풍족함이 들어 있다는 것입니다. 이제는 고생하고 노력해서 만족을 얻는 것이 아니라 누가 주어서 또 가만히 앉아서 풍족을 누리려고 합니다.
　지난달에 아이들과 롯데 월드에 가서 있었던 일입니다. 신나게 놀고 모두 집으로 돌아가는 길이었을 것으로 기억되는데 한 아이가 장난감 인형을 사 왔습니다. 가지고 있던 돈을 전부 쓴 것 같고 신통치 않은 물건인 것 같아 얼마를 주었냐고 물었습니다. 그랬더니 "만원이요." 하고 아무렇지도 않게 대답하는 것이었습니다. 가로 세로 6~7㎝ 정도 되는 상자 속에 스프링 인형이 들어 있는 것이었는데 상자를 열면 스프링 힘에 의해 머리가 뛰어 나오는 장난감이었습니다. 그것의 재료는 인공 나무 상자와 스프링 그리고 그 위에 머리만 있는 인형이었습니다. 그것을 5천원도 아니고 만원에 팔고 있었습니다. 그런데 그 친구는 비싸다는 느낌도 없었는지 선뜻 사 가지고 와서 서슴없이 만원이라고 말하는 것이었습니다. 재료에 비해 물건도 비싸기도 했지만 제가 놀란 것은 가격이 아니라 그 아이가 돈 만원을 너무 쉽게 생각하고 있다는 것입니다.

'선생님, 요즘 아이들 다 그래요.'라고 포기하듯 말하면 저는 할 말이 없습니다. 제가 이번 통신에서 말하려고 하는 것은 물건이 예전보다 비싸졌다는 것이 아니라 우리가 아이들에게 돈을 줄 줄만 알았지 어떻게 써야 된다는 것을 알려주지 않았다는 것입니다.

 몇 년 전만 해도 10,000원이면 굉장히 큰돈이었고 그것이면 하루는 족히 쓸 수 있는 돈이었습니다. 그리고 그것을 벌 경우 많은 시간이 필요했고요. 패스트푸드점에서 아르바이트를 할 경우 이틀은 일해야 벌 수 있는 돈이었습니다. 보통 패스트푸드점은 5시간 이상 근무를 안 시키는데(하려고 하는 사람이 많기 때문) 한 시간 일당이 약 900원~1,200원 정도입니다. 지금도 변함 없을 것으로 생각됩니다만. 이렇게 만원을 번다면 힘들게 벌 것인데 아이들은 스스럼없이 쓰고 그 가치를 모르고 있습니다.

 요즘 초등학교 아이들의 용돈은 5~6만원은 된다고 들었습니다. 물론 넉넉하게 쓰는 것도 좋지만 그렇게 되면 아낄 줄 모르는 사람으로 길러지지 않을까 하는 생각이 듭니다. 아이들이 그렇게 풍족하게 쓰는 것은 지금 당장은 좋은데 나중에 독립하게 되면 어떻게 할 지 사뭇 걱정이 앞섭니다. 지금도 사회 초년생인 젊은 직장인의 씀씀이가 문제가 있다는 지적을 받고 있습니다. 분명히 초년생이라면 월급에 한계가 있을 터인데 웬만하면 EF쏘나타를 몰고 다니고 겨울이면 스키장에 거의 매일 살다시피 합니다. 저로서는 도저히 납득이 가질 않습니다. 부모님이 재벌이 아닌 이상 자기가 벌어서 저렇게 할 텐데 어떻게 해서 고급 승용차를 끌고 다니는지 궁금합니다. 물론 매스 미디어의 영향도 있습니다. 텔레비전을 보면 제 나이 때의 직장인들은 대부분 EF쏘나타를 몰고 나오니 평범한 사람도 저 나이라면 저런 차와 소비 형태를 보여야 하는가 보다 하고 따라 하게 된 것인지도 모릅니다. 저는 우리 아이들도 그렇게 되지 않을까? 하고 걱정이 됩니다.

미술 시간이나 자연 시간에 준비물을 해 오는 것을 보면 대단들 합니다. 저번 시간에 분명히 준비물이 남았고 쓸만했었는데 또 다시 사 오는 아이들이 대부분입니다. 그런데 더 문제인 것은 뒤처리입니다. 어렸을 때부터 소비 형태가 습관적으로 몸에 배니 아무리 얘기해도 물건을 함부로 취급하고 보관하려 하지 않습니다. 몇 천원짜리 물감도 한 두 번 쓰고 버리고 색지나 도화지도 다음에 쓸 수 있는데도 그냥 교실 바닥에 버리기 일쑤입니다. 어떤 때는 그런 일이 너무 잦아 저도 그냥 포기할 때도 있습니다. '에이! 모르겠다.' 또는 '나만 이런다고 되나 집에서는 그냥 아무렇게나 쓰는 데……. 그리고 부모님들도 아무 말 안 할 텐데 내가 이런다고 아이들 습관이 고쳐지겠어!' 하는 생각이 들어서입니다. 그렇다고 매번 그냥 놔 둘 수도 없고 말입니다. 선생이란 사람은 시어머니가 되어야 하는가 봅니다. '잔소리는 듣는 것뿐만 아니라 하는 것은 정말 싫은데'

하지만 요즘 '명예퇴직'이다. '황태(황당하게 퇴직 당하는 경우)'다 하며 아버지들을 긴장시키고 어머니들은 허리띠를 졸라매고 또 그렇게 밖에서 눈치보며 힘들게 번 돈인데 그 돈을 여러분의 아이들은 그렇게 쓰고 있는데 아무 말을 안하고 그냥 내버려 둘 수 있겠습니까? 그래도 괜찮다고요. 내 몸이 부서지는 한이 있더라도 아이들과 아내가 기죽지 않고 편하게 지낼 수 있다면 이 한 몸 기꺼이 바쳐 드리겠다고 생각하신다고요. 과연 그러면 받는 사람들은 그것을 고마워할까요. 비디오 세대들에게 그런 것을 직접 보여주지 않고 직접 얘기 해주지 않아도 알까요? 언젠가 MBC TV에서 「황금 깃털」을 방영한 적이 있습니다. 다 보진 못해서 내용이 모두 생각나지 않지만 50이 넘도록 가정에 충실하고 직장 생활에 열심이었던 아버지가 명예퇴직으로 직장을 잃고 무력감에 빠졌을 때 가족과 주변 사람들은 어떤 반응을 보이고 당사자는 어떻게 그것을 받아 들여야 할까? 하는 대략 그런 내용이었습니다. 그런데 그 드라마에서 아이들은 아버지가 명예퇴직을 당해 기분은 어떻고 혹시나 우울해 하시며 모든 일에 의욕을 상실하시는 것은 아닐까? 그리고 우리가 대책을 세워야 할 것은 무엇인지에 대해 생각하는 것이 아니라 당장 해외 유학은 어떻게 하며 스키장 가는 것은 어떻게 하냐고 걱정을 하는 것입니다. 지금까지 아버지는 그들을 위해 자신의 일생을 바쳐 왔는데 그 자식들은 그것을 오히려 당연시하며 자신의 현재 생활이 침해받을까봐 걱정을 하고 있습니다. 이것은 드라마 상의 이야기만은 아니라고 봅니다. 지금 우리 사회에서 벌어지고 있는 삶의 한 형태를 보여주고 있다고 봅니다. 정말이지 비디오 세대들은 너무나 무기력해서 보여주고 일깨워 주지 않으면 아무것도 모르고 아무것도 생각하지 못합니다.

  아이들에게 너무 쉽게 허락하는 것은 아닌지요. 우리가 어렸을 때 힘들게 얻은 물건은 얼마나 아끼고 소중하게 다루었습니까?

정말이지 아이들에게 어렵게 용돈을 주어야겠습니다. 물건을 사주는 것도 그렇습니다. 돈을 타는 과정이 어렵고 물건을 사는 과정이 힘들고 길어야 그 용돈을 아껴 쓰고 그 물건이 귀한 줄 알 것입니다.
　저는 나중에 자식을 낳으면 신문을 돌리게 할 생각입니다. 이것은 제가 직접 신문 돌리면서 한 생각입니다. 저도 부모님이 '왜 너는 사서 고생이냐!' 며 "추운데 나가지 마라 내가 그 돈을 줄께!" 하며 만류하던 것을 뒤로하고 했으니까요. 왜냐! 부모님이 말씀하신 '젊었을 때 고생은 사서도 한다'는 바로 그 말을 들었기 때문입니다. 저는 그 말뜻을 직접 확인 해 보고 싶었습니다. 그런데 그 때(중1)의 어린 생각을 지금도 후회하지 않습니다. 지금도 참 잘한 일이라고 생각합니다. 왜냐하면 살아가는데 그 때의 경험이 지금 삶에 자신감을 심어 주기 때문입니다. 또 어떤 어려움도 헤치고 나갈 수 있다는 용기를 주고 다른 사람을 이해할 수 있는 밑바탕이 되어 주었으니까요. 그 자신감은 그냥 편안하게 앉아서 얻을 수 있는 것이 아니지요. 어린 나이지만 신문 돌리면서 다양한 사람을 만나게 되었습니다. 지금은 신문 대금을 일정한 날짜에 온라인으로 입금하지만 그때는 어린 학생들이 신문을 돌리면서 직접 수금을 했습니다. 그래서 한 아름 정도(약 180~200부)되는 무거운 신문을 들고뛰면서 수금 날짜가 되면 신문 대금을 받습니다. 수금 날짜도 정해진 것이 아니라 집마다 다른 날 받게 됩니다. 그런데 좋은 경험을 하고 있다며 신문 값에 300원~1000원을 올려 주시거나 더울 때 음료수라도 먹고 가라고 하는 사람이 있는

가 하면 신문 대금 2,000원을 떼어먹고 가는 사람 또 돈이 있으면 서도 5~6개월씩이나 신문 대금을 안주는 사람들이 있었습니다. 그리고 신문사에 오면 수금이 늦은 사람과 다른 사람과 비교해서 부수 확장이 더딘 사람은 질책을 받기 마련이었습니다. 그런 과정에서 세상 사람들의, 또 사회의 작은 모습들을 보게 되었지요. 그래서 그때 안 좋은 모습을 배웠다기 보다는 제 자신을 다스릴 수 있는 기회가 되었습니다. 그런 경험이 있은 후부터는 돈을 꼭 필요한 곳에 쓰게 되었고 아끼게 되었습니다. 오히려 지금이 그때보다 제 자신이 보기에도 씀씀이가 느슨해졌다고 생각됩니다. 그래서 많이 반성하고 있습니다. 어렸을 때 부모님의 만류를 뿌리치고 '젊었을 때 고생은 사서도 한다'는 그 말뜻을 알려고 하지 않았다면 지금 제 자신은 어느 자리에서나 당당한 모습으로 이렇게 서 있지 못할 것입니다. 또한 힘든 사람을 이해하지도 못하고요.

소나무와 참나무가 그렇게 단단한 모습을 하고 있고 사시사철 푸른 모습을 하고 있는 것은 어디에 있을까요? 나이테를 보십시오. 얼마나 촘촘하고 옹골차게 그어져 있습니까! 하지만 대나무는 그렇지 않습니다. 나이테가 없을 뿐만 아니라 빠른 성장으로 쉽게 부러지는 것을 볼 수 있습니다. 힘든 과정 속에서 내실을 기하고 차근차근 성장한 나무는 속으로 튼튼하여 힘든 겨울을 쉽게 날 수 있지만 고통을 모르고 자라며 겉모습만 크게 키운 나무는 겨울나기가 무척 힘들 줄로 압니다.

그렇다고 해서 개미처럼 아이들을 키우라는 얘기는 아닙니다. 사람이 모을 줄만 알고 쓸 줄을 모른다면 그것처럼 멋없는 것은 없다고 보니까요. 때론 사람이 즐길 줄도 알아야 한다고 생각합니다. 개미처럼 힘들게 모으기만 한다면 무슨 재미로 삶을 살아가겠습니까? 저는 돈을 버는 것도 중요하지만 돈을 얼마만큼 필요한 곳에 어떻게 쓰느냐가 더 중요하다고 봅니다. 열심히 모으고 힘들게 모은 것을 가치 있게 써야겠지요.

지금 아이들에게 필요한 것은 돈의 가치를 귀하게 여기는 것과 올바르게 쓰는 교육이 필요하다고 생각됩니다. 그냥 부모님이 주신 돈을 자기 마음대로 쓸 줄만 알았지 어떻게 해서 나온 돈이고 어떻게 써야 하는지를 모르고 있습니다.

우리 반 아이도 그것을 알았다면 또 그런 교육을 받았다면 지금 내가 이 돈으로 이것을 살 만한 가치가 있나 또 이 정도는 나에게 부담이 되지 않나 비싼 것은 아닌가? 다음에 용돈 쓰는 것에 지장이 없나 생각해 보고 샀을 것입니다. 그러면 그렇게 쉽게 답하지는 않았겠지요.

겨울 바람이 많이 따뜻해졌습니다. 그 만큼 사람들의 가슴이 따뜻해졌기 때문이라고 생각됩니다. 추운 겨울 감기 조심하십시오.

생각하면 가슴 아픈 일들

　봄을 시샘하는 바람이 맵습니다. 그러나 그 매운 바람속에서도 기죽지 않고 떡잎을 틔우려 부단히 발을 꼼지락거리는 씨앗의 숨소리를 떠올릴 때면 옹송그린 몸을 활짝 펴고 힘차게 살아가겠다는 생각이 절로 납니다. 세상 인심이 겨울 추위만큼이나 맵고 짜다지만 그 안에서도 씨앗 같은 사람들이 봄을 싹틔우고 있다는 걸 잊지 마시기 바랍니다.
　한때 우리 사회에서 금지곡들이 있었습니다. 지금도 금지곡들이 있지만 지금의 금지곡의 의미와는 다른 것들이었습니다. 지금 금지곡은 제목이나 내용이 야하다던가, 혹은 폭력을 조장하는 내용이 대부분이라든가 하는 이유로 금지되지만 70~80년대 금지곡들은 사회성을 조장한다는 이유로 사회 통합을 저해한다는 이유로 금지되었던 곡들입니다. 그 중에 한 곡입니다.

　　장막을 걷어라 너의 좁은 눈으로 이 세상을 떠보자.
　　창문을 열어라 춤추는 산들바람을 한번 더 느껴보자.
　　가벼운 풀밭위로 나를 걷게 해주소 온갖 새들의 소리 듣고 싶소

울고 웃고 싶소 내 마음을 만져 줘 나도 행복의 나라로 갈 테야.
———— 중 략 ————
고개 숙인 그대여 눈을 떠봐요 귀도 또 기울이세
아침에 일어나면 자신 찾을 수 없이 밤과 낮 구별 없이
고개 들고서 오세 손에 손을 잡고서 청춘과 유혹의 뒷장 넘기며
광야는 넓어요 하늘은 또 푸르러요 다들 행복의 나라로 갑시다.

위 노래는 한대수씨의 '행복의 나라로'의 일부분입니다. 너무나 유명한 곡이라서 요즘 신인그룹 「문차일드」가 부르고 젊은 사람들도 알고 있는 노래입니다. 가사 내용을 살펴보면 자신의 답답한 마음을 털어놓고 맘껏 팔을 벌려 자유를 맞고 싶은 사람의 심정을 노래했습니다. 그냥 보기에도 아무런 문제가 없을 이 노래가 금지곡이었습니다. 자유로운 발상을 노래한 이 곡이 왜 금지곡이 되었는지 도저히 이해가 안 갑니다.

그 시절 금지곡은 212여 곡에 달한다고 합니다. 그렇게 많은 곡들을 금지곡으로 묶어 놓은 것은 국민 정서를 느슨하게 만들어 사회 통합을 방해하기 때문이라는 것입니다. '같음', 즉 '동질성'만을 우선시하는 군사정부는 다름을 인정하지 않는 것입니다. 그 같음을 방해하는 요소가 노래라고 보았습니다. 노래가 주는 여유와 자유스런 발상을 우려하는 것이지요.

우리나라 사람들은 전통적으로 노래를 좋아하고 노래와 삶이 어울려 그 생명을 이어왔습니다. 노동의 고단함, 삶에 대한 아픔과 한을 노래로 표현했습니다. 노래와 삶은 하나였지요.

요즘에야 아이들의 직접적이고 도전적인 표현과 말버릇에 혀를

내두르며 놀랩니다만 옛날 분들은 다른 사람에게 힘든 이야기나 고통스런 소리를 하기를 꺼려했습니다. 차라리 내가 감수를 하고 속으로 참고 말지요. 내가 아프거나 고통스러우면 됐지 다른 사람이 아프거나 고통스러운 것을 참지 못했습니다.

그렇다고 그 고통을 속에만 담아두지 않았습니다. 자연스럽게 노래로 풀어냅니다. 일이 고되면 노동요로 풀어내고 신세가 처량하면 한풀이로 속을 달래며 억압을 하면 풍자로 멋들어지게 그 억압을 비웃기도 하고 대응을 합니다.

노래로 세상을 풍자하고 노래로 자신의 자유의지를 표현하며 노래로 마음속의 한을 풀어나가는데 군사독재 문화는 일률적이고 일사불란한 동원상황을 연출하기 위하여 표현을 억제한 것입니다. 군사문화 속에서는 다양함은 존재하지 않습니다. 그저 5분 후를 생각하지 말고 시키면 시키는 대로 하고 그대로 따라오길 원합니다. 자신의 정체성은 인정되지 않지요.

이런 환경에서 젊은 세대들은 통기타문화를 만들어냅니다. 그 당시 통기타는 청년문화요 신선한 문화 변화를 말합니다. 그리고 기존의 트로트의 문화를 대신하고 새로움을 얘기할 수 있는 문화이지요. 이 통기타로 인해 기존의 벽을 허물 수 있고 젊은 층이 문화와 삶의 주인공으로 떠오를 수 있는 계기가 되었지요.

아침이슬로 유명한 김민기는 청년지식인의 내면 세계를 담았는데 규격화를 원했던 군사문화는 청년들의 고뇌를 인정하지 않았습니다. 고뇌는 사치라고 생각했지요.

결국 독재문화는 이 젊은 문화를 또다시 통합했습니다. 바로 군사 문화의 하나인 획일화에 방해되기 때문이었습니다. 그래서 건전 가요를 발표했습니다. 다른 노래 부르지 말고 이런 노래를 불러라. 하는 것이지요. 참 우스운 일입니다. 국민들이 초등학생으로 보였나봅니다.

그 당시 건전 가요 작곡에 참가했던 작곡가들은 국민의 정서가 메말라서 같이 부를 수 있는 노래를 전달하려는 목적으로 만들었답니다. 솔직히 우리나라 사람만큼 감정이 풍부한 사람도 없는데 말입니다. 사실 그 건전 가요는 정서함양보다는 국민을 결속하기 위한 하나의 수단이었습니다. 버스 파업에 대응하기 위해서, 반공을 각인시키기 위한 '방첩의 노래', 서울로 올라오는 사람들을 농촌으로 보내기 위해 작곡한 '서울의 찬가'(길옥윤), 대통령의 위신을 높이기 위해 대통령이 등장할 때마다 나오던 '대통령 찬가' 등 모두가 의도적이고 획일적인 내용들입니다. 농촌과 빈민의 문제가 나타나자 이를 무마시키기 위해 새마을 운동을 벌입니다. 정책적인 지원이 아니라 농촌빈곤으로 돌리고 그 원인이 경제정책의 부재보다는 담배나 피고 놀음이나 하기 때문이며 가난을 탈피하기 위해서는 부지런히 노력해야 한다는 내용으로 마을끼리 경쟁심을 유발시키기 위해 작곡되었다고 합니다.

요나누끼로 돼있는 이 일본풍의 노래는 독재정권이 체제 순응으로 이끄는데 적용하기에 적합하였습니다.

국민교육헌장이라는 것도 일본인들이 강압적으로 외우게 했던 내용들을 그대로 답습하게 하여 초등학생부터 노인까지 그 내용을 외우게 하고 심지어 국민교육헌장 암기대회가 있어 12월 5일이면 서당의 글 읽는 풍경이 학교마다 연출됩니다. 저도 그 내용을 아직까지 암기하고 있습니다. 얼마나 무시무시하게 외우라고 했는지 모릅니다.

이것은 국민교육헌장으로 국민의 정신적인 무장을 강요하고 국민동원을 위한 정치적인 의도가 있는 것입니다. 군사 정부가 싫어하는 단어는 비판, 자유, 더구나 낭만 등은 반국가적 사치로 간주했습니다.

참 우스운 일입니다. 그 획일화라는 것. 내가 내 할 일을 해야 하는데 다른 사람에 의해 의도 당하고 교육되는 것 참 기분 나쁜 일 아닙니까? 획일화라는 이름으로 말입니다. 내가 남과 다르다는 것이 왜 문제가 되는지 모르겠습니다. 다르다는 것은 다양하다는 것의 출발점인데 말입니다. 다양한 생각이 있고 다양한 표현이 있는 사회가 발전하고 창작력이 발산되는 것입니다. 그런데 같음이라는 잣대로 다름을 평가한다는 것은 위험한 발상입니다. 창작은 다양성에서 나옵니다. 창작이라는 것을 막게 되면 어떻게든 다른 방법으로 나타납니다. 우리는 자유가 없으면 죽은 목숨이나 다름없습니다.

'우리 교육'에서도 이런 억압과 가슴아픈 획일화가 많습니다.

일률적인 내용의 교육과정과 교육체제 속에서 학생들은 답답함을 호소합니다.

하지만 다른 해결책보다는 학생의 무능함을 선생의 준비되지 않았음을 오히려 질책합니다.

답답한 노릇이 아닐 수 없습니다.

정말 교육강대국으로 가고 있다는 소리를 하고 있지만 진정한 의미의 교육에 대한 자유가 이루어질 때 교육강대국은 자연스럽게 오겠지요.

이제는 학교도 교육도 변해야 합니다. 나와 다르다고 통합에 위배된다고 강요해서는 안 되는 겁니다. 21세기 학교는 독특한 향기를 인정해 줄 수 있어야 합니다.

연애감정을 부추긴다는 이상야릇한 이유로 노래를 금지시키듯 교육도 이유 같지 않은 이유로 교육과 학습권을 침해하는 일이 없어야겠습니다. '다름'도 '같음'이상으로 중요하다는 사실을 인정해야겠습니다.

명절 때 일괄적으로 포장해서 주는 선물에 시큰둥한 표정을 짓듯 일괄적으로 지어주는 교육과정과 정책은 교육의 당사자들로부터 시큰둥한 질책을 받지 않을 수 없을 겁니다.

난 공주 넌 왕자!

뜨거운 태양이 작열하는 계절입니다.

지구 온난화 현상이 심해져서 더욱 뜨거워지고 있다고 합니다. 여기 저기서 걱정의 목소리가 높습니다. 문명의 편리로 인해 발생하는 불편은 감수해야 하는 것인지······.

어느 때부터인가 우리 사회에서 연하 남 연상 여 커플이 유행하고 있습니다. 이 현상을 여성의 사회·경제적 지위 상승으로 자연스럽게 받아들일 수 있겠지만 다른 측면에서 보면 남성의 여성화에 따른 이상 현상으로 볼 수 있습니다. 남성의 여성화는 어디에서 기인할까요. 사회구조가 남성의 강인한 힘보다는 섬세한 여성의 손이 점점 더 필요한 체제로 전환되고 있기도 하지만 가정 교육의 대부분을 여성이 담당하며 같이 이루어진다고 할 지라도 한 자녀에게 집중되기 때문입니다. 어머니의 넘치는 사랑을 받은 아들은 어머니의 품을 떠나길 싫어합니다. 자신이 복잡하게 생각하고 결정하지 않아도 어머니가 결정해주셨는데 사회에 나가니 자신이 결정할 것이 한두 가지가 아닙니다. 가능한 한 자신이 고민하고 결정해야 할 일을 줄이고 싶습니다. 그래서 이들은 여성 배우자에게 의존하려고 합니다. 이들은 어머니에 대한 의존 습관을 계속 유지하니 불안하지 않고 더불어 남성으로서 힘들게 결정하고 리드해야하는 것들은 상당부분 줄일 수 있다는 점 때문에 나이가 더 많은 여성을 좋아하는 이런 현상이 나타나고 있습니다.

나약한 남성은 어머니에게 의존해왔던 버릇이 있는지라 사회에서 결정하려니 보통 힘든 것이 아니죠. 그런데 그것을 누나 같고 어머니 같은 애인에게 대신 일임할 수 있다는 사실이 이 연상 여 연하 남 커플을 유행처럼 번지게 한 것입니다. 우리 사회에 한 때 나약한 소년인 마마보이가 유행처럼 퍼졌었는데 연상 여 연하 남 커플은 그것의 또 다른 표출 형태라고 볼 수 있겠습니다. 바로 자식밖에 모르는 부모 교육의 산유물이죠.

사람들은 남보다 조금은 잘난 맛에 삽니다.

아이들도 공부는 못해도 운동을 잘하니까 기가 살고 운동은 못해도 남을 즐겁게 하는 재주가 있어 많은 아이들이 함께 놀아주니 신이 납니다. 힘은 약하지만 남 다른 생각을 잘 해 다른 사람 부러움을 산다면 자신 있게 학교 생활을 즐기게 됩니다.

이렇게 모두들 잘 난 맛이 있어야 즐겁게 살 수 있습니다.

남보다 잘 나기를 바라는 마음은 자식교육에도 이어집니다. 내 아이만큼은 다른 사람보다 잘나야 하고 남달라야 한다는 생각을 갖고 있습니다. 더구나 1950년대생 부모들은 자식 교육에 대한 정열이 남다릅니다. 1950년대에 태어나 지금 20대 자식을 둔 부모들은 경제가 어렵던 시절을 보내면서 많은 형제들과 지냈기 때문에 사랑을 받지 못해 불편을 겪었던 세대들입니다. 그래서 그 50년대생들은 부모가 되어 한 두 자녀만 낳게 되고 그 자녀에게 모든 정성과 사랑을 쏟게 되었습니다. 자기 자신이 못 받았던 것과 교육, 사랑을 자식에게 물려주지 않기 위해 모든 정성과 힘든 과정도 마다 않고 감수합니다. 따라서 자식들은 별로 힘들지 않고 학교에 다니고 성장했습니다. 항상 부모의 보호와 관찰아래 성장하였고 부모들은 '눈에 넣어도 아프지 않다' 는 유행어를 만들어 낼 정도로 자식을 사랑했습니다. 그리고 다칠 새라 어느 곳에도 내놓지 못하고 가능한 한 집에서 키우는 부모가 많아졌습니다.

이 부모아래 아이들은 모두가 귀한 존재들이죠. 그런 아이들이기에 무엇하나 해주어도 최고만을 고집하고 아이에게 쏟는 정성도 이만 저만 한 것이 아닙니다. 그런데 귀중하고 소중하게 키우는 것은 좋은데 사회에 적응 못하고 일에 적응 못하는 반편이를 만들거나 항상 누구에게 의지하려고 하는 박약아를 만들고 있어서 문제입니다.

내 아이만은 남달라야 하고 남에게 뒤져서는 안 된다는 생각과 기죽이지 않고 키우겠다는 지나친 생각 때문에 남에게 의지만 하려 하고 사회에 적응 못하는 아이들이 많아지는 것입니다. 이런 아이들 대부분이 바로 왕자병 공주병의 소유자들입니다. 이 병에 걸린 아이들은 항상 자기가 최고 대우를 받아야 한다고 여깁니다. 요즘 자신을 추켜 세우면 왕자·공주라고 하지만 그것은 잘못된 의미이고 왕자 공주는 무엇하나 스스로 하지 못하는 이들을 말합니다. 언제나 깨끗한 것, 또 어머니가 하나 하나 챙겨주는 것만 먹고 행하던 버릇으로 인해 사회와 친구사이에 나오면 보통 사람

취급을 받으니 적응을 못하게 됩니다. 사람은 누구나 귀한 존재인 것은 당연한데 사회에서 문제가 되는 것은 나만 귀중하고 소중한 존재가 아니라는 것이죠. 그렇게 모두가 중요하고 귀중한 사람들이 모였지만 서로 자신의 몫만큼 자리를 차지해야 한다는 것입니다.

어렸을 때부터 넘치는 사랑을 받아온 이들이 다른 사람에게 받은 애정을 잘 전달하는 아이가 있는 반면 무엇이든 받기만 했기 때문에 상대적으로 사랑이 부족한 사회에 나가서는 적응하지 못하고 자기 중심적이 되거나 외톨이로 지냅니다.

대부분의 어머니들은 밖으로 돌아다니는 자녀를 둔 것보다는 집에서 공부하고 게임 하는 아이들을 안심하고 오히려 밖으로 나가지 못하게 합니다. 겉으로 보기에 밖으로만 나다니는 친구보다 집에서 있는 친구가 더 문제가 없어 보이지만 안에만 있고 그러기만을 해온 아이들에게 경우에 따라서 더 큰 문제가 발생할 수 있습니다. 나쁜 친구들과 싸돌아 다니지 않고 집에서 얌전히 공부 잘하는 아이가 왜 걱정이 되겠습니까? 자신의 아이에게 친구가 없다는 게 걱정이라는 부모는 그리 많지 않습니다. 친구라면 으레 나쁜 친구, 밖으로 나다니면 으레 나쁜 짓거리나 하고 다니는 줄 아는 엄마입니다. 해서 어떤 부모도 외톨이를 걱정하지 않습니다.

이것은 참으로 위험한 생각입니다. 혼자인 아이는 그것만으로도 문제입니다. 극단적인 경우 자폐아이거나 정신분열증의 조기 증후일 수도 있습니다. 아니면 여러 형태의 이상성 성격자 이거나 병적인 내항성, 대인 공포증일 수도 있습니다. 병이 아니더라도 친구 없는 아이는 대인관계에서 결정적인 문제가 생깁니다. 자기밖에 모르는 아이, 즉 자기 중심적이고 이기적인 아이가 됩니다. 건전한 친구가 없는 사람에게 건전한 이성교제를 기대할 순 없습니다. 어쩌다 결혼을 해도 오래 못 갑니다. 취업도 힘들어하지요. 작은 불편, 작은 희생도 감당할 수 없는 사람이 어떻게 조직 생활을 잘 할 수 있겠습니까?

외톨이는 모자(母子)밀착형이 많습니다. 친구 없이 안방에만 맴돌아야 하니 모자 사이가 가까워질 수밖에 없겠지요. 엄마가 알아서 다해주니 좌절을 경험할 일도 문제 해결을 해야할 기회도 없습니다. 작은 문제에도 좌절하고 실의에 빠져 허우적거리는 나약한 젊은이는 이런 배경에서 양산됩니다. 그런데도 부모는 문제의 심각성을 인식하지 못하고 있습니다.

대학에 가도 서클 활동도 없이 언제나 혼자입니다. 희로애락의 감정표현도 없고 무엇인가 해볼 의욕도 기력도 없습니다. 하고 싶은 것도 없고 그래야 할 동기도 없습니다. 그냥 빈둥거립니다. 삶의 목표도 없습니다. 이것이 마마보이고 외톨이증후군입니다.

참으로 걱정인 것은 이런 아이는 성장해서도 외톨이가 되고 사회에 적응을 못한다는 것입니다.

외톨이는 둘 중 하나가 '왕따'가 되거나 폭력을 당합니다. 모든 방법을 다해 아이가 친구를 만들 수 있도록 도와 줘야 합니다. 친구들과의 놀이활동과 방학 때 캠프활동도 참으로 소중한 체험입니다. 외톨이는 병입니다.

위에서 얘기한 모든 현상들이 부모들이 자식을 왕자와 공주로만 키우려고 하는데서 비롯된다고 볼 수 있습니다. 무엇하나 스스로 하거나 결정하지 못하고 항상 자신보다 위 여성이 결정해주길 원하고 기대길 원하는 힘없는 남자, 집에만 있으려는 외톨이들, 자기 중심적인 아이 모두 왕자병 공주병의 산유물들이죠.

귀하게 자란 공주, 왕자가 혼자 살아갈 때는 문제가 되지 않는데 여러 사람이 살아갈 때엔 문제가 되는 것입니다.

공주병 왕자병을 지닌 아이들은 다른 사람이 잘하는 것을 인정하지 않습니다. 내 자리에 다른 사람이 올라와 있다는 것에 참을 수 없는 자기 소멸감을 느끼는 것이죠. 그리하여 자기 능력이 안 되는 데도 무리하게 일을 하거나 능력부족에 대한 것을 지적하면 심한 좌절감을 느낍니다. 만약 아이가 다른 사람의 입장을 살피는 능력이 부족하다면 다양한 사람과 만나도록 해야 합니다. 자기보다 못한 환경에 있는 사람을 통해 감사와 겸손을 배우게 하고 겸허한 자세와 노력하는 태도를 몸에 익혀줘야 합니다.

왕자로 키우고 공주로 키우는 것은 좋습니다. 어떤 의미에서는 그 아이를 인정하고 자기 자신이 소중한 존재임을 알게 하는 계기가 될 수 있으니까요. 자신감의 표출은 자기 자신에 대한 사랑에서부터 출발합니다. 자기 자신을 알고 자기 자신이 귀중하다는 것을 아는 사람 대부분은 자신감이 넘칩니다. 또 자기 자신이 귀중한 존재라는 인식은 많은 사랑을 받은 사람이라야만 깨닫게 됩니다. 하지만 자신이 귀중하다는 것을 깨우쳐주는 것과 부모가 모든 것을 다해 줘 아무것도 못하게 만드는 것과는 다르지요.

집에서 아이가 공주가 되고 왕자가 되는 것은 부모 교육 방식이라 탓할 수 없겠지만 사회에 나온다면 내가 귀중하듯이 다른 사람이 소중하다는 것쯤은 알아야 하지 않을까요. 그리고 사회는 왕자와 공주가 아닌 스스로 행하는 사람을 원합니다.

인생의 강타자

◈ 그대 변화를 두려워하는가?
◈ 산은 산이요 물은 물이로다.
◈ 인생의 강타자
◈ 강한 어머니가 아름다운 것은.
◈ Cyber세대 부모되기
◈ 내가 니꺼야 난 어디든 갈 수 있어
◈ 내가 가는 이길- 늘 처음처럼

그대 변화를 두려워하는가?

　두꺼운 땅을 차고 나오는 개구리들의 약동이 느껴지는 듯합니다. 자연의 신비한 변화에 전율과 감동을 느끼는 반면 우리 주변은 조금은 소란스럽다는 생각이 듭니다. 어른이 되면 왜 그리 소란스럽고 수다워질까요. 조금 아는 것이 생겼다는 것인지 아니면 몰라서 그렇다는 것인지 자기를 알아달라는 것인지 하나같이 자기 목소리 내기 바쁩니다. 이맘때쯤이면 봄이 오는 개울가에서 손을 호호 불며 보송보송 돋아난 버들강아지를 따던 기억이 납니다. 소꿉동무들과 보리밟기를 하던 생각 풀잎으로 피리 불던 생각 풀꽃을 따먹던 생각을 가끔 합니다. 겨울을 지내고 벌레를 죽이기 위해 논과 들을 태운 자리에 빼꼼히 돋아난 새싹을 보고도 어린 아이들은 수선을 떨지 않습니다. 그저 어린 풀의 속살을 까먹고 즐거워 할 뿐이지요. 어쩌면 그것은 자연의 당연한 순리인 것이고 아이들 또한 자연스럽게 받아들이는 일상적인 일인지도 모릅니다. 하지만 어른들은 무엇인가 의미를 붙입니다. "야 신기하다. 신비롭지 않냐! 다 불로 태웠는데 어떻게 저기에서 생명이 태어났을까?"하고 말입니다. 자연은 말 그대로 자연스럽습니다. 목적을 두고 더하거나 빼지 않습니다. 그저 순리에 따르는 것일뿐…….

하루만이라도 자연처럼 살아보는 것이 어떨까요. 아이들의 순수한 마음으로 그리고 변화할 수 있는 가능성의 눈으로 바라볼 수 있었으면 좋겠습니다. 변화라는 것은 딱히 일을 바꾸기 보다 일에 뛰어드는 마음을 바꾸는 것이 우선이라고 여겨집니다.

물은 한 곳에 머물러 있지 않습니다. 시내도 되었다가 폭포도 되었다가 바다도 되었다가, 마침내는 구름이 됩니다. 그러다 또 다시 빗물로 내려오곤 하지요.

고여있는 물은 썩는다고 합니다. 사람들은 그 이유를 흐르지 않기 때문이라고 합니다. 하지만 그것은 본질을 잘 모르는 생각입니다. 물이 썩는 이유는 흐르지 않기 때문이 아니라 새 물을 받아들이지 않기 때문입니다. 만일 흐르기만 하고 새로운 물을 받아들이지 않으면 고인 연못은 바닥을 드러내고 맙니다. 정말로 그 물이 썩지 않기 위해서는 다른 물을 받아들일 줄 알아야 합니다. 고인 연못에 일정한 비가 계속 내리면 그 고인물도 썩지 않습니다. 변화하는 것은 썩지 않는 법이지요. 우리 또한 살아가는 동안 꽤 많은 변화를 거치게 됩니다. 우리 자신이 변하는 경우도 있지만 생활이 우리에게 변화를 요구하기도 합니다. 하지만 어떻게 변해야 잘 변하는 것인지 그게 항상 의문입니다. 고인물이 새로운 물을 받아들이지 않아 썩는 것처럼 우리의 인생이 무기력하고 무의미한 것은 새로운 것을 받아들이지 않고 고여있기 때문입니다. 변화를 두려워하지 말아야 합니다. 변화를 두려워하지 않고 새로운 것을 자기 것으로 받아들일 줄 알아야 인생이 의미 있게 되겠지요.

세상은 변하고 있습니다. 그것도 매시간 매순간 마다요. 그런 변화를 두려워하거나 도피한다면 고여있는 물처럼 썩게 되겠죠. 이미 기정사실화된 것인데, 받아들여야 할 것이라면 받아들이고 능동적으로 대응해야되겠지요.

역사 속에서도 변화를 두려워하고 새로운 것을 받아들일 줄 몰라 실패한 사람이 있습니다. 변화의 흐름을 파악하지 못하고 능동적인 대응이 부족했기에 역사 속에 큰 오점을 남겼습니다. 우리의 현대사는 참 많은 굴곡이 있었고 민주주의를 정착시키기 위해 여러 사람들이 땀과 피를 흘렸습니다. 그래도 다행인 것은 50년도 안 되는 이 짧은 기간에 어느 정도 민주주의가 정착되어가고 있다는 것입니다. 그만큼 우리 민족이 잠재력과 발전 가능성을 지니고 있다는 것입니다. 이런 잠재력과 발전 능력이 있음에도 불구하고 오늘날의 IMF를 맞고 일본보다 뒤처지는 이유는 무엇일까요? 그것은 변화를 두려워한다는 것입니다. 현재 눈에 보이고 유행하는 것은 잘 만드는데 미래에 다가오는 것 다른 세계의 것 등은 받아들이고 예측한다는 것을 두려워합니다. 어떤 물건이 잘 팔린다 싶으면 똑같이 그것만을 만들고 어떤 것이 좋다 싶으면 그것만을 하려 하고 또 정책적으로도 권장합니다. 그리고 사람들은 그것만을 계속 만들어 내지요. 그러다 시장이 바뀌면 당황합니다.

그러면 이런 경향과 생각이 어디서부터 잘못되었을까요. 어디서부터 생각의 뿌리를 가져와야 할까요. 아마도 그 뿌리는 홍선대원군이겠지요.

홍선대원군은 역사 속에서 주체적인 인물로 평가를 받아왔습니다. 저 또한 얼마 전 까지만 해도 "흥선대원군은 잘못한 것이 아니고 상황에 맞게 대처를 한 것이다. 물밀 듯이 다가오는 외래 문화 속에서 우리 주체성을 지키기 위해서는 쇄국이 필요했다."라는 생각을 가지고 학생들을 지도하고 토론을 했었습니다. 그러나 현대사를 가르치면서 다시 생각하게 되었습니다. 흥선대원군도 그 상황에서는 쇄국이 올바른 선택이고 그 길을 걸어가야 하는 당위성이 있었을 것입니다. 하지만 주체적인 것은 좋으나 변화에 대한 두려움은 옳지 못했다고 봅니다. 세상은 총으로 전쟁을 하고 바다를 건너 무역을 하고 내 나라가 아니라 다른 나라를 대상으로 정치를 하고 있는데 집안에서 문을 걸어 잠그고 있어서야 되겠습니까? 경복궁을 재건하고 화폐를 통일할 수 있는 강력한 힘과 통솔력, 거기에 주체적인 생각을 지닐 수 있었던 흥선대원군이 조금만 생각을 넓혔다면 오늘의 한국은 더 발전된 한국으로 거듭났을 것이라 생각됩니다. 쇄국을 하더라도 변화에 대처하고 대비할 수 있는 열린 눈과 귀만큼은 지녔어야 했는데 그렇지 못하고 우리 것만 지키기에 급급했던 것 같습니다.

　당장은 자기 것만을 지키고 문을 걸어 잠그는 것이 해결책이 되고 위안이 된다고 할 지라도 미래에 대한 대비책은 되지 못합니다. 문제는 그 지도자의 영향이 후대에까지 미친다는 것입니다. 그때는 별 것 아닌 것이 나중에 태어나는 사람들은 한 발 아니 수백 발을 뒤지게 됩니다. 그런 결과로 지금 우리는 얼마나 애통해 합니까? 우리가 일본에 비해 정신적으로나 문화적으로 뒤진 것이 없는데 개항에 적극적으로 대처하지 못했다는 것 때문에 우리 후손들은 일본에게 열등감을 느껴야 합니다.

　세상은 변화고 있습니다. 이제는 변화되고 있는 이 상황을 적극적으로 받아들여야 하겠습니다. 세계는 변하고 있는데 언제까지 옛것을 고집할 수는 없겠지요. 그렇다고 옛것을 버리자는 것이 아니고 지금의 변화를 인정하자는 것입니다. 중요한 것은 받아들일 것은 받아들이고 거기에 우리가 주체적으로 대신할 수 있는 것을 심어야 한다는 것이지요.

　물이 고여 있으면 썩듯이 우리의 삶도 고여 있으면 썩게 마련입니다.

　그러나 사람은 역설 속에서 살아갑니다. 정말 귀중하게 여겨야 할 시간을 모릅니다. 우리는 항상 시기를 놓치고 나서야 그때의 소중함을 알게 됩니다. 특히 학생 때는 더욱. 어렸을 때부터 변화에 대처하고 적극적으로 행동하기를 배운다면 이런 때늦은 깨달음은 없겠지요. 그때는 그 시절이 자신의 생애에서 얼마나 귀중하며 따라서 어떻게 보내야 할지를 깨닫지 못합니다. 대학을 졸업하고 먼 훗날에야 후회하고 그 시절을 그리워하지만 그때는 이미 늦습니다.

　그런데 이런 변화를 추구하면서 중요하게 생각할 것이 있습니다. 바로 삶의 중심추입니다. 변화 있는 삶이 중요하다고 해서 변화만을 추구하다보면 자기 중심생각이 없어집니다. 새로운 것만을 받아들이고 자꾸 흐르기만 하면 자기 색깔을 잃어버릴 것입니다. 밑바닥에 깔린 속내는 바꾸지 않아야 하겠지요. 그것이 없으면 정말 뿌리째 흔들리게 됩니다. 변화도 생각 있는 변화 주체적인 변화를 해야겠습니다.

아이들을 가르치면서 매년 추억거리를 만들어줍니다. 그 대표적인 것이 그동안의 생활을 담은 비디오테이프입니다. 그 속에는 여러 일들이 담겨있지요. 그런 여러 것들 중에 제가 마지막을 장식하게 됩니다. 그리고 마지막에는 이 말을 잃지 않습니다.

"너희들은 젊고 앞으로 많은 가능성을 지닌 사람이다. 선생님은 너희들이 나이가 들어도 항상 청년의 마음으로 살아가길 바란다. 그것은 젊은 생각과 변화를 통해 지속된다. 변화를 추구한다는 것은 쉽지 않다. 때론 자기가 지금까지 지녀왔던 편안한 것들을 다 버려야 할 때도 있고 이웃의 걱정과 시기도 있다. 그런 것으로 인해 좌절도 있을 것이요 후회도 할 것이다. 하지만 그 변화의 산물은 그 무엇과도 비교할 수 없는 가치 있는 것이며 그 무엇과도 바꿀 수 없다. 변화의 결과물은 전율을 느끼게 한다. 사람이 하루하루 전율을 느끼고 사는 것만큼 행복한 것은 없다. 아마도 그 사람은 늙지 않고 평생 젊음을 가지고 살 것이다. 항상 변화를 추구하라. 하지만 더 중요한 것은 주체적인 변화이다."

저는 아이들에게 머물러 있기보다는 변화를 추구하는 청년이 되라고 가르칩니다.

다소 불안한 마음이 들겠지만 무엇인가 가치 있는 인생을 살아가기 위해서는 젊은 열정과 변화 있는 삶을 살아갈 수 있는 자세가 필요합니다. 자신의 인생이 무의미하고 건조하게 마무리 짓지 않기 위해서는……

산은 산이요 물은 물이로다

　2월이 주는 매력은 없는 것 같으면서도 그 안에 작은 힘을 지니고 있다는 것입니다. 겨울의 끝이기도 하고 봄의 시작점이기도 한 2월 그래서 유난히 작은 날의 모음들입니다. 모든 것이 끝난 것 같고 아무것도 없는 것 같이 보이는 2월은 도약을 위한 기다림이기도 하며 설렘이 있는 달이기도 합니다. 2월은 생명을 잉태하고 있는 어머니와 같습니다. 아직은 보이지 않지만 그 속에 무한한 가능성을 지닌 생명을 지니고 있습니다. 그래서 2월은 편안하고 부담이 없는 달입니다. 어떤 일을 시작할 때의 불안도, 결과에 대한 긴장도 없어서 자기 자리에 있고 찾지 않으면 없는 듯 금방 지나가는 달입니다.
　우리의 2월은 준비하는 달입니다. 그 준비로 아름답게 꽃을 피우는 봄을 가지고 오며 싱그러운 여름과 가을에는 열매를 맺습니다. 그리고는 겸손하게 겨울을 준비하지요. 우리 주위에는 2월 같은 사람들이 많습니다. 늘 준비만 하고 결실을 맺지 못하는 사람들. 하지만 언젠가는 뜻을 이루리라 봅니다.
　저는 2월을 달갑지 않게 생각했습니다. 시작도 아니고 그렇다고 끝이라고 보기에도 애매함이 있고 다른 달과는 달리 3일씩이나 손해를 보고도 확실하게 자기의 색깔을 보이지도 않는 2월이 왠지 미워 보입니다. 그래서 답답하게 자기 자리만 맴도는 사람 같기도 했습니다. 그건 제가 욕심이 많기 때문이라는 것을 어느 순간 알게 되었지요.

저에게도 힘든 때가 있었습니다. 그 때마다 항상 2월이었고요. 그래서 2월을 싫어 했는지도 모릅니다. 여행을 떠났습니다. 목적지만 몇 군데 정해서 그냥 차를 몰고 갔습니다. 무엇인가 정리가 안되고 머리가 복잡하여 떠난 여행은 가슴이 트이는 듯 하였습니다. 뭔가 안되고 있다는 생각에서 벗어날 수 있었으니까요.

여행은 담양과 화순, 강진, 해남으로 이어지는 길이었습니다. 처음에는 머리도 식히고 그 동안 가보고 싶었던 남도 지방의 몇 군데를 가보자는 생각이었는데 지도를 보니 여기도 가고 싶고 저기도 들르는 길에라도 가보고 싶은 생각이 들었습니다. 점점 여행에 대한 욕심이 많아졌습니다. 그래도 첫날에는 밥도 끼니마다 먹고 했는데 시간이 갈수록 밥 먹기 힘들어졌습니다. 여행이 깊어갈수록 가고 싶고 보고 싶은 것이 많아졌으니까요. 밥먹는 시간마저 아깝다는 생각이 들었습니다. 그래서 하루에 한 끼밖에 못 먹었습니다. 나머지는 빵과 우유, 이동하면서 먹기 좋은 미숫가루를 먹으며 여행 아닌 여행을 했지요. 정말 돈이 없어서 못 먹는 것도 아니고 여행하면서 밥도 못 먹었다는 생각을 하면 지금도 웃음이 나옵니다.

끼니까지 거르면서 했던 그 순간만은 저에게 참 소중하였고 많은 것을 보아야 한다고 생각했습니다. 정말 그 귀중한 시간들을 놓칠세라 작은 녹음기까지 가져가서 그때의 느낌을 녹음했습니다. 여행은 이래서 떠나는구나 하는 생각도 들었습니다.

한 곳 한 곳이 다 의미 있게 다가왔습니다. 그 중에서도 합천의 해인사는 여행길 마지막에 스치듯 들른 곳이었지만 정말 내게는 잊지 못할 여행 장소였고 내게 인생을 가르쳐준 곳입니다. 하루밖에 남지 않은 시간을 쪼개어 하동에서 쌍계사와 불일폭포를 보고 재첩국을 먹은 시간은 4시 하동에서 합천에 있는 해인사까지 가는 것은 무리였습니다. 쌍계사에서 너무 욕심을 부려 머무는 시간이 길었습니다. 쌍계사가 어떻게 생겼나 보고만 오려고 했는데 가보니 유명한 폭포가 있다 하여 보게 되었고 그 폭포에 또 정신없이 사진을 찍게 되었습니다. 그리곤 섬진마을까지 왔는데 매실주는 먹지 못해도 '재첩국'은 먹어 보아야 한다는 생각으로 밥까지 먹고 나니 훌쩍 4시가 되어버린 것입니다. 그러나 해인사를 보고 가기로 했는데 이렇게 서울로 올라가자니 너무 아깝다는 생각이 들었습니다. 올라가는 시간도 너무 빠르다는 생각이었구요. 그래서 늦었지만 가기로 결정했습니다. 거리를 계산해보니 200km가 넘는 것이었습니다. 2시간 안에 도착해도 입장을 할 수 없는 것이었습니다. 그래도 열심히 가면 되겠지 싶어 쉬지 않고 달렸습니다. 하동에서 구례를 거쳐 남원으로 남원에서 다시 88올림픽고속도로를 거치고서야 해인사에 닿게 되었습니다. 아직 2월말이지만 눈이 덮여있어서 그 모습을 선뜻 드러내놓지 않는 가야산이었습니다.

5시 40분에야 겨우 도착했습니다. 늦은 관계로 입장료만 받고 차량 주차비는 받지 않더군요. 그러나 어둠은 벌써 내리고 있었습니다. 걸음을 재촉했습니다. 그래도 여기까지 한 걸음에 왔는데 '팔만 대장경'은 보지 못해도 절이라도 봐야지 하는 생각이었죠. 어둠은 깊이를 더했습니다. 더구나 이제 올라간 관광객은 마지막 사람까지 다 내려오고 있었습니다. 작은 두려움이 느껴졌습니다. 본당 입구에서 경비아저씨가 만류를 하더군요. 이제는 어두워서 가기 힘들 것이라고 그리고 여기서부터 또 경내까지 1km는 족히 걸어가야 하는데 어두워서 보이지도 않을 거라며 가봐야 소용없을 거라고 했습니다. 그래도 저는 사정을 했지요. 이곳을 보기 위해 서울에서 왔다고 여길 꼭 보고 가야한다고 했습니다. 허락을 하더군요. 혼자 터벅터벅 걸어갔습니다. 눈은 보기와는 달리 많이 쌓여 있었습니다. 게다가 구두를 신어서 길도 미끄러웠습니다. 겨우 본당인 대웅전에 도착했습니다. '아! 해인사는 이런 곳이구나!' 하고 생각하거나 뭐 둘러 볼 겨를도 없이 내려와야 했습니다. 벌써 밤이 되었으니까요. 앞도 안 보였습니다. 다행이 성철스님의 기념비가 있는 곳은 불이 있어서 볼 수 있었습니다. 그저 비석하나와 누각, 참 단촐하더군요. 그러나 나에게는 그 장소가 인생의 깨달음을 준 곳입니다. 그곳에서 제가 얻고자 했던 화두 '산은 산이요. 물은 물이로다.'를 얻게 되었으니까요. 이 글을 쓰는 지금도 그때의 일이 또 그때의 가슴 저림이 느껴져서 아직도 전율을 느낄 수 있습니다. 그러나 성철스님 추모 비 앞에 섰을 그때는 '음 성철스님이 이런 말을 했었지.'하고 그냥 내려왔지요. 다른 생각이나 깨달음은 없었습니다. 빨리 내려가야 한다는 생각뿐이였지요.

그런데 내려오는 길은 요즘말로 '장난이 아니었습니다.' 어두웠을 뿐만 아니라 길이 너무 미끄러웠습니다. 그래도 올라가는 길은 어떻게 버티고 갔지만 내려오는 길은 너무 힘들었습니다. 더구나 구두를 신어서 내려오는 길은 쉽지 않았지요. 내려오는 길에서 몇 번이나 엉덩방아를 찧게 되었습니다. 그런데 문제는 한 참을 내려가도 절 입구는 나오지가 않았습니다. 어두워서 보이지도 않고 참 난감했습니다. 아무래도 길을 잘못들은 것 같았습니다. 길이 두 갈래였던 모양입니다. 그래서 다시 오던 길을 되돌아가서 다른 길로 내려가야겠다는 생각이 들었습니다. 다시 발길을 돌렸습니다. 그 순간 머리를 스치고 가는 뭔가 모를 깨달음이 있었습니다. '인생이라는 것도 이런 것이 아닐까! 제 길로만 갈 수 있는 것이 아니라 길을 잘 못 드는 수도 있겠다. 하지만 포기하면 그대로 썩는 것이요. 다시 포기하지 않고 또 다시 길을 바꿔 갈 수 있다면 그대로 썩지 않고 다시 시작할 수 있겠구나! 인생이란 이렇게 혼자 가는 것이겠지. 누구도 없는 길을······. 여기 올 때 처음에는 사람들이 왁자하게 같이 머물러 있었다. 그런데 어둠이 내리면서 하나둘 내려갔다. 인생이라는 것도 이 같은 것이 아니겠느가! 누구도 같이 있을 수 없는 그저 혼자일 뿐. 그렇게 어두운 길을 혼자 터벅터벅 걸어가는 거겠지. 때론 어두워서 더듬거리기도 하고 눈길이라도 만나면 넘어지기도 하고 또 자신을 일으켜 세우면서 혼자 가는 것이겠지. 그 혼자 가는 길이 힘든 것은 내가 너무 욕심을 부려서 그런 것 아니겠는가? 인생의 길은 그대로 인데 또 자연히 다가오기 마련인데 너무 욕심을 부려 그것을 내 앞으로 끌어당기려 하다니 참 어리석구나!' 하는 생각이 들었습니다. 그동안 왜 있는 그대로 보지 못하고 욕심을 부려왔는지 모르겠습니다. 성철스님이 말한 대로 '산은 산이요, 물은 물인데' 거기에서 무엇을 더 바랬는가? 하는 생각을 하게 되었습니다. 저에게는 그 얼음이었지요. 그전에는 산은 산이요 물은 물이다. 라는 말이 그냥 그러겠지 했는데 그 날 그 말은 나에게 다르게 다가왔습니다. 인생이라는 것 자기가 하기 나름이지만 욕심을 부린다고 그대로 되는 것이 아니라는 것을 일깨워 주었습니다. 그것이 나의 화두가 되어 많은 것을 생각하게 되었지요. 그리고 내려와서 메모지에 정신 없이 적어 내려갔습니다. 그 어두운 곳에서 차에 불을 밝히고 혼자 무엇에 홀린 듯 적었습니다. 그때의 내용 그대로 옮겨 적습니다. 문장을 다듬거나 생각하면서 쓴 글이 아니라 그저 생각나는 대로 휘저은 글입니다.

 욕심을 버려라. 모든 것을 한꺼번에 해결하려고 또 성취하려고 하지 마라. 좀 덜어내고 천천히 가자. 어차피 인생 모든 것을 다 가져갈 수 없다. 나이를 먹는다고 해서 달라질 것이 무엇이냐! 그저 천천히 가는 대로 준비하면 될 뿐. 모든 것이 완벽해야 되는 것은 아니잖냐! 힘든 짐은 때론 내려놓고 가볍게 가져가자! 해인사 절로 가는 길도 그렇지 않더냐! 어쩌다 보면 내가 원하지 않던 길을 갈 수도 있고 때론 미끄러지고 넘어질 수도 있다. 그렇다고 다시 되돌아 갈 수도 없는 것도 아니고 일어서지 못할 것도 아니지 않더냐! 얼마든지 자기가 마음먹으면 돌아갈 수도 일어설 수도 있다. 출세 조금 늦게 하면 어떤가? 내가 걸어가야 하는 인생 길을 묵묵히 가는 것이 중요한 것이지!

조금 버리자! 결국 내가 힘들어하는 부분도 버리지 않고 다 가지려해서가 아닌가? 욕심을 버리자! 내가 가장 필요로 하는 것이 무엇인가? '산은 산이요 물은 물이다.' 그저 그것이지 더 이상은 없다.

이렇게 그 날 적은 메모는 바쁘게 적은 흔적이 남은 채로 아직도 저의 소중한 보물로 남아있습니다.

조금은 창피한 글입니다. 저의 욕심으로 인해 많이 힘들었던 순간들을 그대로 드러내야 했으니까요. 98년의 겨울은 그렇게 갔습니다. 참 많이도 힘들었었고 나이 30살에 방황이라니 어울리지도 않았죠.

사람이 욕심을 부리면 끝도 없다는 말 그리고 그 욕심을 버리면 편하고 보이지 않던 것도 보인다는 말이 맞는 것 같습니다.

아이들과의 만남도 마찬가지입니다. 아이들은 산과 물처럼 그대로 인데 우리가 인위적인 해석과 욕심으로 아이를 정의하고 있진 않은지요.

저 또한 그랬습니다. 처음에는 참 순수했던 것 같습니다. 또 순수한 모습을 보려고 했고요 그래서 그 아이들 한 사람만이라도 나를 따르면 그것으로 된 것 아닌가 생각했는데 해가 거듭될수록 욕심이 생깁니다. 내가 원하는 방향이 아니면 다시 오기를 재촉했습니다. 참 욕심이 많았지요.

저처럼 너무 욕심에 사로잡혀 있지는 않는지요. 아이의 능력에 맞지 않는 옷은 불편합니다. 그저 내 아이가 자신의 갈 길을 걸어가는 것만으로도 감사해야겠습니다.

아이들은 아이들입니다.

인생의 강타자!

한해가 저물어 갑니다. 이제는 메모판에 내용들을 모두 뽑아서 정리할 때입니다. 지난 해의 여러 가지 일과 느낌을 내 마음에 조용히 정리해야겠습니다. 그래도 하나쯤은 꽂고 싶은 마음이 드는 것은 무엇인가 마무리 짖지 못했다는 아쉬움과 허전함 때문이겠지요. 다른 사람과의 관계의 선은 몇 개나 더 그었는지 아니면 하나라도 지웠는지 사람들과 헤어질 때 내 모습은 추하지 않았는지 자기의 이익만을 쫓아다니고 입으로만 사랑하고 감사하지 않았는지 언제나 주위만 맴돌지 않았는지 그런 허전함과 아쉬움이 메모판을 다시 들여다보게 합니다.

좀더 많은 것을 채울 수 있었는데······.

하지만 내 마음의 문을 열고 사람을 받아들이고 진심으로 사랑하고 존경하며 매사에 최선을 다한 이라면 결코 허전하지 않을 것입니다.

아이들의 시험이 어제로 모두 끝났습니다. 모두들 긴장하고 걱정되는 마음으로 시험을 본 듯합니다. 그러더니 시험 끝났다고 해방이랍니다. '얼마나 힘들었으면 국가 독립에나 쓸 법한 해방이라는 말을 사용할까?' 시험을 보는 모습들에서 긴장되고 시험 잘 못 보면 어떠하지 하며 걱정하는 마음을 읽을 수 있었습니다.

　나의 어린 시절을 떠올리면 지금보다 더 많은 시험이 있었습니다.

　국민(초등)학교 때는 성적에 반영되는 중간·기말 고사 외에 가끔 쪽지 시험이 있었습니다. 중·고생이 되니 한 학기에 2번이 아니라 이제는 매달 본다고 하였습니다. 거기다가 영어 시간에는 새까맣게 단어를 써 오게 하고 매시간 쪽지 시험을 보았습니다. 중간·기말 고사도 그렇지만 특히 쪽지 시험을 보는 날은 흰 종이면이 하나도 드러나지 않도록 글씨를 써 가며 외웠었습니다. 무조건 외우라니 외우는 것이지요. 그 때 그렇게 뜻도 모르고 무작정 외운 것은 선생님의 매가 너무도 무서웠기 때문입니다. 1개 틀릴 때마다 1대씩 매를 맞았으니까요. 그래서 성적에 들어간다던 중간 기말 고사보다 더 긴장되었습니다. 그런데 그렇게 본 시험의 내용은 하나도 기억나지 않습니다. 왜냐면 말 그대로 뜻도 모르고 무작정 외웠기 때문입니다.

　지금 아이들도 시험 결과에는 똑같이 긴장합니다. 옛날처럼 틀린 개수대로 선생님께 매를 맞는 경우는 없지만(초등학교의 경우) 집에 가서 부모님께 호되게 꾸지람과 매를 맞기 때문인가 봅니다. 그래서 시험지 점검 시간이 자신의 실수나 알지 못함을 부끄러워하고 다시 점검해 보며 다시는 틀리지 말아야 하는 다짐이 아니고 매를 맞지 않아도 되는 아이들의 안도감과 환호성을 지르는 시간, 시험에서 몇 개 이상 틀리면 맞거나 무엇을 안 사준다고 한 아이는 두려움과 실망이 교차하는 시간이 되어 버렸습니다.
 인생의 첫 관문이라고 할 수 있는 수능시험이 얼마 전에 끝났습니다. 의외로 점수가 잘나와서 기뻐하는 사람. 자기가 원하는 점수가 안 나와 다시 재수의 길을 걸어가야 하나 어쩌나 하는 사람이 있을 것입니다. 그래도 이 정도면 행복한 사람들입니다. 정말이지 이 점수로는 도저히 대학을 갈 수 없다는 절망감에 젖은 사람도 있으니까요. 남들은 자신이 원하는 대학에 가기 위해 재수의 길을 택한다고 하지만 자신은 재수한다고 해도 점수가 오른다는 보장이 없고 대학갈 점수가 안 되는 것은 불을 보듯 뻔하다는 생각이듭니다. 그래서 고등학교 3년 동안 나는 무엇을 했나 다른 사람들이 대학 가는데 들러리서는 것에 불과했지 않나 하는 생각마저 듭니다. 그래서 더 심하면 자살까지 생각하는 사람도 있을 것입니다. 정말이지 이런 학생들을 볼 때면 내 일 인양 걱정이 됩니다. 3년 동안 허송세월을 보내다가 일이 닥치니 후회를 하는 것입니다. 빨리 제자리를 찾으려는 노력을 했어야 했는데…… 학교에서도 선생님들도 이런 학생들에 대한 배려가 있어야 하는데도 우리의 교육 현실은 그렇지 못합니다. 앞에 가는 사람들을 이끌고 가기에 바쁘니까요.
 사람이 실패를 거듭하다 보면 의욕을 상실하고 자신감이 없어진다고 합니다. 이런 사람은 결국에는 '나는 무엇을 해도 안 된다'는 자기 체면에 빠지게 되지요. 그리고 자신의 잦은 실패에 대해 이런 이야기를 늘어놓게 됩니다. "매번 안 되는데 해봐야 뭐해요. 남들은 운이 좋아 가만히 있어도 하고 싶은 대로 척척 되는데 나는 그렇지 않아요. 난들 이러고 싶겠어요. 하지만 안 되는 것을 어쩌란 말이에요. 게다가 우리 부모님은 자꾸 야단만 치시고 나를 제대로 한 번 믿어 주신 적이 없어요. 이러니 제가 제대로 되겠어요."하고 말이다. 더 심한 경우는 소위 징크스라고 말하는 것으로 핑계를 대게 됩니다. "시험 보러 가는데 글쎄 엄마가 미역국을 끓여 주시잖아요. 재수 없게. 그래서 떨어졌어요." "시험 보는데 갑자기 책상 위에서 연필이 떨어지는 거예요. 그러니 제가 붙을 리 있겠어요. 그래서 떨어졌어요." "어제 밤에 손톱을 깎았더니 하루 종일 되는 일이 없더라구요." 실패자들은 현실적으로 자기 무능을 설명할 길이 없어지게 되면 비현실적인 것에까지 핑계를 대며 자기 합리화를 합니다. 그렇게 해서 해결되면 다행입니다만 자꾸만 변명만 늘어놓게 되고 자신이 직접 해보려고 하는 의지는 거기에 비례해서 약해지는 것이겠지요.

　사람의 일생은 긍정적인 마음을 먹으면 일이 긍정적으로 풀리고 부정적인 마음을 먹으면 부정적으로 된다고 얘기한 적이 있듯이 사람의 일은 마음먹은 대로 되는 것 같습니다. 일에 대해 항상 이렇게 두려운 마음을 먹고 있고 입벌리고 감이 떨어지기만을 기다리는데 무슨 일이 되겠습니까? 감이 떨어지길 기다리기라도 하면 다행입니다. 대부분 안 떨어진다고 아예 포기하고 다른 길로 가 버리니 되는 일이 없지요. 하다 못해 감나무를 흔들어 라도 봐야 하지 않겠습니까?

　다들 실패에 대해 몹시 두려워합니다. 그것은 단 한 번의 시도에 자기의 인생을 몽땅 걸기 때문에 한 두 번의 실패에 대해서 두려워하는 것입니다. 몇 번의 실패와 좌절에 자신의 전부를 걸어 버리기에는 너무나 우리의 인생이 아깝다고 생각됩니다. 무엇이 되어야 한다는 과제는 꼭 정해진 시기가 있는 것이 아니라고 봅니다. 한 번의 실패로 다음의 선택 기회마저 포기한다는 것은 어리석은 것 중에서도 가장 어리석은 행동이라고 봅니다. 검사가 된다고 하면 누구 나가 정해진 나이에 따라 되는 것이 아니라고 생각합니다. 어떤 사람은 20대에 검사가 되기도 하고 어떤 사람은 사법 시험에 계속 낙방했다가 30~40이 다 되어 검사의 길을 걸어가는 사람이 있고 다른 길을 걷다가 다시 검사라는 직업을 택하기도 합니다. 직업에 있어서 적정 시기는 그렇게 중요하다고 보진 않습니다. 오히려 자기의 마음이 그 직업에 다가서는가? 그렇지 않은가가 더 중요하다고 봅니다. 그 직업에 마음이 동할 경우 더 빨리 적응하게 되고 얻는 효과도 크다고 봅니다. 하고 싶은 일을 하고 살 때 삶이 즐거운 거니까요.

한 두 번 실패한 사람에 대해 인생의 패자라고 보아야 하는지요. 저는 그렇게 생각하지 않습니다. 야구에서 강타자라고 하면 몇 할 대의 타자를 말하는 걸까요? 올 프로야구에서 타격 왕을 받은 사람의 타율을 보니 3할 5푼 대였습니다. 이것은 열 번의 시도(타석) 중 3~4번밖에 성공(안타)을 하지 못했다는 뜻입니다. 바꿔 말하면 10번의 시도 중 6~7번은 실패를 했다는 얘기지요. 이러고도 강타자 소리를 듣습니다. 거기에 비하면 한 두 번의 실패는 8~9할의 높은 타율이며 한 두 번의 실패를 한 사람은 분명 강타자입니다. 만일 모든 타자가 9할 대의 타율을 보인다면 야구는 하루 종일 계속 될 것이며 1회전 공격을 채 끝내지 못하고 중계방송 시간이 끝날 것입니다. 모든 타자가 9할 대로 안타를 치고 나가니 1회초 공격이 어느 시절에 끝나겠습니까? 관중도 별로 재미없을 것입니다. 만약 투 아웃에 타석에 나온 선수가 안타를 쳐야 점수가 나고 역전이 되는 상황이 있다고 생각해 봅시다. 모든 타자가 9할 대라면 관중들은 긴장하지도 않을 것입니다. 당연히 저 선수는 안타를 칠 것이니까! 물론 모든 타자가 9할 대라면 '투 아웃 주자 만루에 역전의 기회'라는 상황도 없을 것입니다. 그런데 '3할 5푼이 강타자'라는 상황에서는 그만큼 관중도 긴장되지요. 저 선수가 안타를 칠까? 아니면 아웃될까? 선수는 물론 관중들도 손에 땀을 쥐고 경기를 지켜 볼 것입니다. 이런 상황이 있기에 광적으로 좋아하는 야구팬이 있는 것 아닙니까? 매번 안타를 치고 점수가 난다면 선수는 열심히 하지 않을 것은 물론이요 관중도 별로 야구 보는 재미를 못 느낄 것입니다.

우리의 인생도 마찬가지라고 봅니다. 당하는 당사자가 아니라서 이런 말을 한다고 보겠지만 실패의 위험이 있고 긴장시키는 삶의 요소가 있기에 도전하려고 하고 실패하지 않기 위해 더 열심히 노력하는 것이라고 봅니다. 그렇기 때문에 정상 탈환이 더 값진 것이겠지요.

만일 어떤 연구팀이 프로젝트마다 매 번 성공하고 그 프로젝트가 성공률 90%라면 연구원들은 흥이 나지 않을 것입니다. 90%가 성공할 터인데 흥분·긴장·초조감이 전혀 없을 것이고 만일 실패하더라도 혹시 재수 탓으로 돌리게 되겠지요. 그러니 성공에 대해서도 별로 기쁘지도 않을 것입니다. 모두가 다 영원히 산다면 목숨을 귀하게 여기지 않는 것처럼 말입니다. 굴곡이 없으면 좋겠지만 어느 정도 실패와 좌절이 있기에 우리는 인생의 보람을 느끼며 아기자기한 재미가 있어서 동물의 그것보다 더 값지지 않을까 생각합니다.

옆에서 보기에 단 번에 성공하는 사람을 볼 수 있습니다. 그 사람은 왠지 운이 좋아서 무슨 일이든 했다 하면 항상 성공합니다. 그런데 나에겐 재수에 옴이 붙었는지 이렇게 하는 일마다 안 되고 꼬이는지 모르겠다고 불평하는 사람이 있을 것입니다. 그러나 성공한 사람의 내면을 들여다보면 성공하는 사람도 자기 나름대로 열심히 노력을 한다는 것입니다. 타고난 미인도 미스코리아가 되기 위해 매일 운동도 하고 식이요법도 매일 했을 것입니다. 그런 과정을 거친 후 성공의 무대에 서게 되었다고 봅니다. 최고의 타율을 자랑하는 선수도 거기까지 오는데 많은 일이 있었을 것입니다. 그 야구 선수는 안타를 치지 못한 경우를 분석함으로서 지속적인 발전을 이루어 나갔던 것입니다. 또한 '안타를 치지 못하면 동료·코치·감독·팬들에게 얼마나 미안한 일인가? 상대방 응원 팀으로부터 어떤 심한 야유를 받을 것인가?' 라는 생각을 했을 것입니다. 그러나 그런 생각을 뒤로하고 2~3할의 성공 확률임에도 담담하게 타석에 나가는 것입니다. 물론 타고난 재능도 있었겠지만 '그래도 한 번 해보자'하는 자신감이 안타를 치게 만드는 것일 겁니다. 어떤 일이든 그냥 되는 일은 없다고 봅니다.

야구 선수가 안타를 치지 못하면 더욱 열심히 하듯이 사람도 실패의 경험에서 발전의 기반이 형성되는 것이라고 봅니다. 우리의 인생도 돌아보면 참 많은 시도와 결정이 필요합니다. 그 결과로 인하여 성공도 하고 실패도 할 것입니다. 그런데 우리는 성공의 기쁨보다는 실패에 더 두려움을 느낍니다. 야구에서 6번 7번을 실패하고도 강타자 소리를 듣는데 인생이라는 경기에서는 실패에 대해 그렇게들 가혹한지 모르겠습니다. 우리는 인생이라는 타석에서 한 두 번밖에 실패하지 않았습니다. 야구 선수가 강타자 소리를 듣는 것은 실패에 대해 연연해하지 않고 그것을 잘 분석하여 자신감을 가지고 다시 타석에 임했고 그리고 그 결과가 안타로 이어진 것이기 때문입니다. 중요한 것은 자신감을 잃지 않는 것 그리고 그 자신감을 썩히지 않고 도전하는 것입니다. 왜 시험에 실패하고 시험 점수가 안 나오는지 먼저 알아야 합니다. 실패자가 자꾸 실패하는 이유는 그 실패에 연연하고 그 실패 속에 빠져 있다는 것입니다. 그리고 '옛날에는 내가 이렇지 않았는데…….' 하며 과거 속에 묻혀서 옛날 생각만 하고 있습니다. 특히나 잘했던 과거 속에서는 더욱.

 과거와 시험에 실패한 것에만 집착하고 있으면 실패만 합니다. "나는 항상 꼴찌야! 공부해도 안 돼!"라고 생각하고 있으면 그렇게 계속 꼴찌를 하게 됩니다. 마음속에 그렇게 정해놓고 있는데 몸이 따라와 주겠습니까? 어머니 아버지도 마찬가지지요. 내가 밥하고 빨래해 주는 가정부인가? 하고 생각만 하고 있으면 그냥 계속 가정부이고 자신이 가정부라는 것을 인정하는 것입니다. 내가 돈벌어다 주는 기계인가? 라고 생각만 하고 있으면 돈 벌어다 주는 기계가 되고 마는 것입니다. 그렇게 생각된다면 지금 고쳐야지요. 가정에서 어머니・아버지의 의미 또 자신의 자리 찾기, 사회적인 위치와 자신의 가치를 찾아 도전해야겠습니다. 특히 가정에서의 자리가 잘못되었으면 설명을 해서라도 고쳐야 하고 과감히 자기 자리를 찾아 도전해야 합니다.

그러려면 먼저 자기 자리에 대한 긍정적인 평가가 있어야겠습니다. 나는 왜 공부를 못할까? 나는 왜 가난할까? 왜 유능한 남편을 못 만났을까? 나는 왜 건강하지 않을까? 하면서 내가 갖지 못한 것을 부러워하기보다, 세상에는 귀머거리, 장님도 많은데 나는 볼 수도 있고 들을 수도 있지 않은가? 몇 년씩 병상에 누워 있는 이웃집 남편보다 내 남편은 얼마나 건강한가? 라고 우리가 조금만 생각을 돌린다면 자신의 조건에 불평과 원망대신 감사해야 할 일이 너무나 많습니다. 이런 조건이라면 누구나 충분히 강타자가 될 수 있을 겁니다.

31년의 생을 살아왔지만 딱 하나 믿는 것(신조)이 있습니다. 그것은 '자신의 의지와 노력만 있다면 무엇이든 이루어지게 되어 있다. 언젠가는 반드시…….'입니다. 아! 비슷한말을 나폴레옹도 했던가요? '불가능은 없다.'고 하지만 그 불가능을 없애기 위해 최대한의 노력과 의지가 필요합니다.

야구 이야기가 너무 길어졌습니다. 아이들 어머님 아버님 저 자신 모두 생각해 보자는 의미로 이번 통신을 썼습니다. 아무튼 하고 싶은 말은 강타자가 되기 위해 모두가 그 자리를 알아야(분석)하고 그 앎을(분석) 통해 자신감을 가지고 타석에 임하라는 것입니다. 왜냐하면 각자의 분야(학생, 전업 주부, 은행원, 환경 미화원, 경찰관, 주유소의 주유원, 구두닦이, 야구 선수, 연예인 등)에서 우리는 충분한 가능성을 가지고 있고 우리 모두가 인생의 강타자이기 때문입니다.

아직도 못한 일들이 많고 마음속에는 아쉬움과 후회가 가득합니다. 그러나 이렇게 지난날들을 되돌아보며 겸손해질 수 있는 우리들이라면 한해는 충분히 아름다웠고 다가오는 새해는 새로운 소망의 빛으로 가득할 것입니다.

일을 시작할 때의 열정이 소중합니다. 그러나 그것을 마무리지을 때의 깊은 반성과 겸손은 더 소중합니다.

강한 어머니가 아름다운 것은……

　유난히 더웠던 여름이었습니다. 그러기에 요즈음 가을 바람이 더없이 상쾌하게 느껴집니다. 사계절이 분명한 우리나라 기후, 계절 따라 그 감촉을 우리처럼 선명하게 감득할 수 있는 나라가 또 있을까요.
　바야흐로 천고마비(天高馬肥)의 계절입니다. 미국의 시인 로버트 프로스트는 '색채 감각을 느끼려거든 자연과 친해지는 것이 제일'이라고 했지요. 이제 물들어 가는 산과 계곡의 단풍을 볼 때면 더한층 그 감이 깊어질 것입니다. 엷은 노란색에서 짙은 붉은 색으로 변해 가는 가을 풍경을 보노라면 모든 것을 잊어버리고 가을 색깔에 묻혀버릴 수가 있겠지요.
　환경이 달라지면 생각도 달라지지요. 가을은 생각의 계절이기도 합니다. 그동안 펼쳐놓았던 생각들을 하나씩 정리해야겠습니다.
　얼마 전에 TV를 시청하다 전국 국토횡단을 하는 젊은이들의 활동을 취재한 내용을 보게 되었습니다.
　거의 20여 일을 동행하여 그들의 행보와 아픔 그리고 좌절까지 하나 하나 담아내려 노력한 흔적이 보인 프로그램이었습니다.

요즘에는 국토횡단을 하는 단체나 프로그램이 많아졌지만 그래도 이 프로그램은 몇 년 전부터 건강음료의 도움을 받아 운영해 오는 전통 있는 행사였습니다.

20여일 동안 국토 최남단에서 통일각까지 한 사람도 낙오되지 않고 도보로 전 국토를 거쳐 온 사람들의 얼굴에는 웃음과 기쁨이 가득 고여있었습니다.

모두가 해냈다는 기쁨, 그리고 무엇이든 할 수 있다는 자신감과 젊음에 대한 그들의 당당한 자기 주장까지 들어있었습니다.

그 자리에는 가족들도 있었고 친구들도 있었습니다. 친구들은 부러운 눈으로 바라보고 어른들은 한없이 자식이 자랑스러운지 연신 얼굴을 들여다보고 쓰다듬으며 보듬어 줍니다. 그리고 그들은 젊음을 과시하는 미소를 여기저기에 보냅니다.

그런 가운데 눈에 띄는 가족이 있었습니다. 한 여학생의 가족이었지요. 여학생과 어머니가 얼싸안고 눈물을 흘렸습니다. 대부분 비슷한 장면이지만 그 여학생과 어머니가 눈에 들어온 이유는 그 어머니의 강인함 때문이였습니다. 그 모녀의 상봉을 본 순간 전율하지 않을 수 없었습니다.

이야기는 이렇습니다. 평소 의지가 약한 딸아이는 건강음료에서 협찬하는 국토 순례에 참가하겠다고 했습니다. 어머니는 딸아이의 나약함을 아는지라 허락하지 않았습니다. 그러나 어머니의 만류에도 그녀는 고집을 부려 참가를 했지요. 그런데 생각만큼 쉽지 않았습니다. 딸아이는 행진이 계속되는 동안 몇 번이나 쓰러지고 발이 다쳐 도저히 횡단을 할 수 없었습니다. 이것은 걷는 것도 하루

이틀이지 퉁퉁 발이 부르트고 물집 투성이라 더 이상 횡단하는 것이 무리라고 보았습니다. 그만두고 싶다는 생각이 들었습니다. 그래서 집에 전화를 할 수 있도록 행사 진행부에 요청했습니다. 그 여학생은 '이제 고생으로부터 해방이다.' 생각하고 어머니께 전화를 걸었습니다. '처음 출발할 때부터 걱정하셨는데 잘 됐지뭐! 빨리 집에 오라고 하실 거야!' 라는 생각으로 전화를 했는데 그쪽의 반응은 의외였습니다.

출발할 때 '그 약한 몸으로 네가 무슨 국토 횡단이냐! 그냥 고생하지 말고 집에서 쉬어라!' 하시던 분이 힘들고 이제는 집에 가겠다는 딸의 전화에 호통을 쳤습니다.

'다른 사람과 같이 끝까지 횡단하지 못하면 집에 들어올 생각도 하지도 마라! 그렇게 나약한 너는 내딸이 아니다.'라고 불호령을 내렸지요. 그 여학생의 눈에서는 서러운 눈물이 떨어집니다. 어머니에게 전화를 걸어 위로를 받으려고 했는데 오히려 야단을 맞으니 기가 막히지요. '정말 내 어머니 맞나?' 하는 서러운 생각이 듭니다.

결국 여학생은 다시 다짐을 하고 횡단 길에 올라 결국 끝까지 최선을 다해 이루어 냈습니다. 그리고 두 모녀는 부둥켜안고 기쁜 마음을 나눴지요.

이 장면을 보면서 정말 강하고 아름다운 어머니이구나! 속마음은 고생하지 말고 어서 오너라 하고 싶었지만 긴 안목으로 딸의 장래를 생각하여 강한 어머니의 모습을 보여주었다는 생각을 했습니다.

사실 딸이 아프니 얼마나 걱정이 됐겠습니까? 그런데 더 강한 딸을 키우기 위해 그렇게 말한 어머니가 참으로 대단하다고 생각합니다.

요즘 신세대 부모들은 아이들의 작은 손해나 힘들어함을 참지 못합니다.

청소가 조금 힘들다하면 하지 못하게 하고 심부름도 시키지도 않고 학교에서의 부당한 대우를 받거나 힘든 일을 전혀 못하게 하고 참지 못합니다.

자식 귀하다고 힘든 일은 무조건 시키지 않는 이 교육 방법이 진정 자식을 아끼고 사랑한다고 할 수 있겠습니까? 겉으로 보기에는 누구보다도 아끼는 것 같지만 결국에는 자식을 나약하게 키우는 지름길이라고 보여집니다. 이렇게 자란 아이들이 거친 사회에서 어떻게 버틸 수 있겠습니까?

우리 네 어머니 상은 여러 형태로 보여집니다. 위에서처럼 강한 어머니 모습을 보여주는가 하면 자신이 모델이 되어 따라오길 바라는 어머니, 자식의 잘됨을 내 기쁨으로 알며 자신의 몸을 낮춰 아이를 키워주는 어머니, 행여나 자식에게 자신의 모습마저도 피해를 주면 어떻하나 걱정하며 묵묵히 뒷모습만 보여주는 어머니, 넘치는 사랑만이 자식을 위하는 길이라 생각하여 결혼 후 까지 자식을 돌보려는 어머니 등 이 땅의 어머니들은 참 많습니다.

그 중에 우리를 다시 크게 만드는 어머니는 나약한 딸을 국토 횡단 길에 오르게 한 어머니처럼 속마음은 아프지만 겉으론 강한 가르침을 주시는 어머니 그리고 자신의 모습을 드러내 놓지 않고 자식의 길을 밝혀주는 어머니입니다. 옛날에 한 월간지에서 '붕어빵 아주머니'라는 수기를 읽었습니다. 정말로 몸으로 자식을 키우는 어머니입니다. 같이 읽지요.

 철없던 초등학교 시절. 그때 나의 어머니는 어머니라는 이름보다는 붕어빵 아주머니로 더 잘 알려져 있었다. 학교로 가는 길목 어귀에서 허름한 포장마차를 열고 오뎅과 떡볶이 그리고 붕어빵을 구우며 바쁘게 살아가셨던 것이다.
 그런데 나는 그런 어머니의 모습이 창피하고 부끄럽게만 생각되었다. 나는 친구들에게 놀림을 당할까 걱정돼 아침에도 다른 친구들보다 일찍 학교에 갔으며, 하교 때도 친구들이 모두 돌아간 뒤에야 혼자서 터덜터덜 집으로 돌아오곤 했다. 또 어머니가 장사하는 포장마차 앞을 지날 때면 혹시 어머니가 내 이름을 부르지 않을까 싶어 뒤를 흘깃흘깃 쳐다보며 뜀박질을 했다.
 그러던 어느 날이었다. 운동회가 다가오자 다른 친구들은 신이 나서 들떠 있는데 나는 어머니가 따라오면 어쩌나 하는 걱정이 더 앞섰다. 솔직히 나는 어머니가 학교에 오지 않기를 은근히 바랬기 때문이다. 운동회 전날도 어머니는 밤이 늦어서야 집에 돌아오셨다. 나는 어머니께서 운동회에 대해 별말씀이 없으시기에 안도의 한숨을 내쉬며 그대로 잠들어 버렸다. 얼마나 시간이 흘렀을까. 자다가 목이 말라 부엌으로 들어간 나는 도마 위에 가지런히 놓인 김밥 재료를 보고 놀라지 않을 수 없었다. 갑자기 어머니가 운동회에 오실 거라는 생각이 들었다. 순간 나는 목마름도 잊은 채 안방 쪽을 바라보면서 조마조마한 마음으로 그 김밥 재료들을 모두 쓰레기통에 버리고 말았다.
 다음 날 아침. 태연한 척 부엌으로 들어간 나는 다시 한번 놀라고 말

왔다. 도시락에 가지런히 쌓인 김밥이 한쪽에 놓여 있었고, 그 옆에서 아버지가 낡고 헤어진 일기장을 품에 꼭 안은 채 잠들어 계셨다.

　무슨 영문인지 몰라 아버지를 깨웠더니 아버지는 아무 말 없이 내게 그 낡은 일기장을 건네 주셨다. 떨리는 손으로 일기장을 펼쳤을 때 나는 낯익은 어머니의 글씨에 그만 울음을 터트리고 말았다. 어젯밤 늦게 김밥을 만드시던 어머니는 밀려오는 졸음 때문에 잠깐 동안 부엌 구석에서 눈을 붙이고 계셨는데 그때 마침 내가 들어갔던 것이다. 그런 어머니가 곁에 계실 줄 도 모르고……. 어머니는 처음부터 나의 행동을 모두 보시고 복받치는 슬픔을 이기지 못해 밤새 한없이 우셨다는 것이다. 나도 모르게 엉엉 울고 말았다. 그때 아버지께서 돈 삼만 원을 주시며 말씀하셨다.

　"어제 엄마가 장사해서 번 돈의 전부란다. 엄마가 얼마나 네 운동회에 가고 싶어했는지 아니? 하지만 엄마는 운동회에 가는 걸 포기하고 새벽 일찍 장사 나가셨단다."

　나는 양쪽 뺨 가득 흘러내리는 눈물을 닦지도 않은 채 어머니의 포장마차를 향해 힘껏 달렸다.

　"어머니, 사랑해요. 이제는 늘 어머니를 자랑스러워하는 아들이 될게요!"

　참 가슴이 저리는 이야기입니다. 동감하는 이들도 많을 것입니다. 정도 차는 있겠지만 우리들도 우리 어머니에게 이런 잘못을 했을 테니까요.

　이야기 속의 아들 참 못됐지요. 그리고 그의 어머니는 얼마나 가슴이 아팠을까요. 그래도 아들의 운동회라고 밤늦게 지친 몸으로 김밥 재료들을 준비해와서 졸음을 참아가며 김밥을 싸고 있었건만 아들은 어머니가 운동회에 참석하면 친구들에게 창피를 당할까봐 싸놓은 김밥을 통째로 쓰레기통에 집어넣었습니다. 그 장면을 졸린 눈으로 직접 목격해야 하는 그 어머니는 얼마나 가슴이 아팠겠습니까! 그래도 어머니는 어머니인가 봅니다. 그렇습니다. 여자는 약하지만 어머니는 강하다는 말……. 참 다시 생각하게 만드는 말입니다. 그 어머니가 여인으로서 울었지만 다시 어머니가 되면 '아들이 그럴만하겠지. 얼마나 곤란하겠어! 친구들 앞에서 붕어빵 장사하는 어머니를 보인다는 게…….' 하고 이해를 합니다. 그리고 그 어머니는 조용히 울음을 감추고 다시 김밥을 싸놓고 묵묵히 장사를 나간 것입니다. 참 정말 위대한 어머니입니다. 제가 전에 이야기했던 한석봉의 어머니보다도 더. 그저 보통의 어머니라면 그 아들을 나무랐겠지만 묵묵히 감수하는 그 어머니는 정말 아름다운 어머니지요. 우리네 어머니들은 그렇습니다. 자신의 모습이 혹시나 자식에게 누가 되지 않을까? 항상 조심하지요. 그런 어머니의 아이들은 대부분 나중에라도 스스로 어머니의 강함과 아름다움을 깨닫게 됩니다. 그런데 요즘 어머니인 척하는 어머니(?)들이 있습니다. 그저 자식을 위한다는 명목으로 자식을 따라 다닙니다. 그것이 사랑이라고 착각하면서……. 그런 자식들은 어머니가 없으면 다른 일을 못하게 되지요. 이런 왜곡된 사랑으로 아이들을 가르치다가는 결국 아이들은 힘없는 아이로 성장하게 됩니다.

 자식 앞에 나서서 먼저 드러내놓고 사랑이라며 자식을 감싸주어 아무것도 못하게 하는 반편이를 기르는 어머니가 있는가 하면 보이지 않게 가르침과 정을 주시는 전통적인 우리 어머니가 있습니다. 보이지는 않지만 그 힘은 강하게 작용합니다. 어머니는 강합니다. 임산부가 병원에서 아기를 출산할 때 가장 먼저 생각하는 사람은 바로 친정 어머니라고 합니다. 힘든 출산 과정에서 엄마를 생각하고 다시 힘을 얻어 아이를 순산하게 된다고 합니다. 그리고 그때야 비로소 어머니의 사랑과 위대함을 알게된다고 하지요.

정말 우리네 어머니는 자식에게 챙겨주지 못해 어쩔 줄 몰라하는 사람처럼 항상 무엇인가 주시려고 합니다. 추석을 보내고 마지막날 서울로 향하는 아들의 차에 보따리 보따리 챙겨주십니다. 서울가면 이보다 더 싸다고 만류해도 서울 거하고 다르다며 참깨랑 마늘, 호박 한 개라도 더 주십니다. 그러면 철없는 우리는 귀찮아 하지요. 짐 된다고……. 하지만 나중에 우리는 알게되지요. 그 어머니의 사랑이 얼마나 가슴 따듯하고 깊은지.

드러내놓지 않는 어머니의 사랑은 당장 보이지 않지만 우리의 가슴속에 크게 작용합니다. 어머니 사랑이 아름답고 그 생명이 긴 것은 드러내놓지 않음이요. 의도성 없는 사랑이라는 것입니다. 계산하지 않으며 드러냄 없이 행하는 그 사랑은 처음에는 모르지요. 그러다 어느 순간에 떨림으로 전해옵니다. 그리고 그 지혜롭고 조건 없는 사랑은 살아가는 데 힘을 줍니다.

어머니, 너무 드러내놓지 마십시오. 사랑은 자연스럽게 전해지는 과정입니다. 제가 생각하는 자식 사랑은 겉으로가 아니라 마음속으로 하는 것입니다.

당장은 겉으로 표현하는 방식의 사랑이 좋을 것 같아도 그 넘치는 사랑 때문에 아이는 두발로 걷기 힘들어합니다. 사랑이란 절름 발이를 키우는 것이 아니라. 완전한 인격체를 키우는 것입니다. 자식 앞에 금방 제 모습을 드러내놓는 어머니보다는 가슴이 아플지라도 일어설 수 있는 힘을 길러주는 어머니였으면 합니다.

우리 반에는 서너 명의 아이가 친구들의 성장을 따라가지 못합니다. 가슴아프지요. 친구들의 놀림도 학습에 대한 뒤쳐짐도 그 작은 가슴으로 받아들여야 하니까요. 저도 마음이 참 안됐는데 부모님은 오죽 하시겠습니까? 10달 동안 뱃속에서 정성 들여 키우고 산고의 고통을 거친 아이들입니다. 참 눈에 넣어도 아프지 않지요. 그런 아이인데 그런 것 내가 대신해주고 내가 다 막아주고 싶습니다. 그러나 아이가 사회 일원이 됐을 때도 다 막아주시겠는지요. 정말 그 아이가 잘 되는 길이 무엇인지 생각해 보아야겠습니다. 무조건 감싸는 것만이 사랑은 아닙니다.

지혜로운 어머니 아래 지혜로운 자식이 있다고 봅니다. 사랑을 곧바로 표현하는 것도 좋지만 때론 어머니의 사랑을 숨기는 것도 좋을 듯합니다.

Cyber세대 부모되기

  스쳐 지나가는 바람에 가을이 깊어 감을 느낍니다. 바람에 하늘거리며 여유를 주던 코스모스도 자연을 찾아 돌아가고 이제 남은 건 코발트색 햇살뿐입니다.
  어릴 적 자연은 신비스러웠으나 청소년기와 20대 초반 젊은 혈기를 지닌 때는 정복할 수 있을 것 같은 생각이 들었습니다. 그러나 점점 나이가 들어가면서 '자연을 거스르면 안되겠구나' 하는 생각이 듭니다. 인간은 자연 속에서 살아갈 때 가장 인간답고 행복한 것이라 생각됩니다. 언제까지나 자연에서 삶의 의미를 찾고 자연을 보고 감동을 느낄 수 있었으면 하는 바램입니다. 그러기 때문에 물질·기계가 이런 것을 대신 하게 된다면 지금 내가 느끼고 있는 이런 감동을 받을 수 없다는 위기감도 듭니다. 어떤 때는 자연스런 분위기와 정경이 몇 십 년 후면 기계 속에서나 느껴야 하는 그런 것이 아닌가 걱정도 됩니다. 요즘 컴퓨터가 자연의 자리를 자꾸 잠식하는 시대이니까요.
  요즘은 Cyber세대들과 같이 산다는 것이 쉽지만은 않습니다. 오락은 기본이고 컴퓨터와 관련된 일은 무엇이든 척척입니다. 그래서 소위 N세대(net generation) 와 같이 살아가는 우리들은 작은 위기감마저 느낍니다. 저 아이들은 저들은 저렇게 뛰어가고 있는데 나는 팬으로 글씨를 쓰고 있고 컴퓨터라 하면 고작 워드정도 나치고 있으니 문제가 있구나! 나중에는 저들과 대화가 되고 말이나 통할까? 하는 생각과 걱정이 앞섭니다.

Cyber세대에 부모 되기 쉽지만은 않을 것입니다.

이 시대의 부모들은 어떤 위치에 서야하고 어떤 역할을 해야할까요.

Cyber세대에 부모가 되기 위해서 우선은 지금의 아이들이 어떤 성향을 가지고 있고 어떤 것을 좋아하며 어떤 것에 분노하는지 또 어떤 것에 감동을 느끼고 어떤 것에 삶에 본질을 두는지 알아야하겠지요.

X세대를 지나 N세대인 이들의 특징은 컴퓨터에 능숙하고 직접 대면보다는 컴퓨터와 network(정보망)를 통한 즉, 매체 (media)로부터 정보와 지식을 얻고 그들의 경험을 쌓으며 매체의 말을 맹신한다는 점입니다. X세대가 과도기적인 가치 혼란의 세대였다면 N세대는 X세대에 비해 자기 가치관을 지니고 있다는 것입니다. X세대가 한 가치관을 향해 맹목적인 성향을 보인 반면 N세대는 자기 나름대로 다양한 가치관을 지니고 있습니다. 그러나 X세대와 유사한 점은 그들이 지닌 가치관이 불안정하고 유동적이라는 것이죠. 다양한 가치관을 지닌 N세대는 이른바 멀티세대입니다. Multi 세대들은 다양한 가치관을 지니고 있어서 한 곳에 마음을 정하기 힘들고 금방 싫증을 내는 성향을 지니고 있습니다. 그들의

가치관 습득은 영상매체나 Network 체제, 컴퓨터상에서 이루어집니다. 그래서 그들에게 가장 영향을 미치는 것은 영상매체요 컴퓨터입니다. 따라서 그런 가치관을 형성시켜주는 영상매체나 컴퓨터는 이들에게 선배나 선생님 부모님 또 심지어 신으로서 역할을 수행합니다. 이들에게 영상매체에서 나오는 것은 진위여부를 따지기 전에 사실로 받아들여지게 됩니다. 이들에게 컴퓨터와 영상은 삶의 의미이고 삶의 전부입니다. 그래서 이들은 영상과 컴퓨터를 통해서 감동을 느끼고 학습을 하고 삶의 의미를 찾습니다. N세대들은 우리가 자랄 때 삶의 모델이나 영웅으로 생각했던 이순신이나 세종대왕, 맥아더, 헬렌켈러를 존경하거나 닮고 싶은 위인으로 생각하지 않고 영상매체에 나오는 사람들을 더 모델링하고 싶어 합니다. 그래서 영상매체의 연예인이 희망이며 영웅이고 삶의 지표가 됩니다. 이들은 영상매체에 나오는 연예인에 사랑을 느끼고 그 연예인이 다치면 마치 자신이 다친 것 인양 그것을 자기 삶으로 연장하여 목숨을 버리기까지 합니다. 영상 매체 속의 연예인은 N세대들에게는 기성세대가 생각하는 영웅이자 존경하는 인물입니다. '무슨 존경이냐!'고 반문하시겠지만 이들에게 영웅이나 존경의 기준은 다릅니다. 인간적이거나 장애를 극복하거나 어려운 처지에서 일을 성취하거나 위대한 업적을 남기는 그런 것이 기준이 아니라 매체 속에서 얼마나 다양하게(Multi) 보여주느냐고 얼마나 뛰어나게 연기를 하고 자신을 사로잡느냐가 기준입니다. 다시 말해서 얼마나 인간적이고 똑똑하고 끈기 있게 업적을 성취하는가? 가 아니라 얼마나 열심히 춤을 추고 화려하게 보여주는가에 따라

이들을 존경하고 영웅으로 대접을 합니다.

또한 이들의 학습은 Internet를 통해 이루어집니다. 우리가 과제를 하기 위해 도서관에서 열심히 자료를 찾고 일주일 넘게 분석하고 정리하여 제출하던 리포트도 이제는 몇번의 클릭으로 자료화되어 나옵니다. 그것도 몇 십 분만 투자하면 그림까지 넣어 칼라로 완벽하게 과제를 제출합니다. 워드로 자기가 직접 친 것보다 더 보기 좋게 말이죠.

사실 이런 조사방법을 교사인 본인도 받아들이고 있습니다. 정보를 찾아내어 자신의 상황에 맞게 활용하는 것도 하나의 능력이니까요. 정보를 얻기 위해 이제는 도서관에서 자료를 찾는 것만이 전부는 아닙니다. 그들은 그것이 오히려 시간을 낭비하는 것이라 생각하고 그 시간을 다른 정보를 찾거나 자신을 개발하는 데 활용하는 것이 Cyber세대에게는 더 효과적일 수 있다고 생각합니다.

Cyber세대들에게는 이미 매체는 전부입니다. 이들에게는 매체에 나오는 것이면 무조건 믿고 따릅니다. 그래서 보여주어야 믿습니다. 이들에게 꿈은 영상매체에 나오는 것이며 영상매체를 통해 자신을 바라보고 의미 짓기를 원합니다. 그런 이유로 지금 배우고 있는 학생들에게 가장 큰 꿈은 매체의 주인공이 되는 것입니다. 그래서 걱정스럽게도 이들에게 가장 인기 있는 직업은 백댄서이고 쇼프로그램에 나오는 가수나 탤런트입니다. 우려할 점은 의사나 변호사 기술자 등 다양한 직업이 아니라. 다들 하나같이 TV속의 연예인이 되거나 매체의 관리자(프로그래머포함)가 된다는 것입니다.

Cyber세대, 보는 것에 익숙한 또 보여주어야 믿는 멀티미디어의 세계가 삶의 지표고 우상인 이들에게 우리가 주어야하고 가르쳐야 할 것은 무엇일까요.

　그 해답은 분명합니다. 바로 보여주어야 한다는 것입니다. 몸으로 가르쳐야 한다는 것입니다.

　얼마 전 출근길 라디오 뉴스 프로그램에서 들었습니다. 14세의 소년이 연대의대에 특차 합격했다는 것입니다. 귀가 트인 것은 14세라는 어린 나이에 합격했다는 것이 아니라 그 친구의 말이었고 생각이었습니다. 14세의 나이에 대학을 갈 수 있었던 것은 검정고시(가정이 어려워서 검정고시를 본 것은 아님)를 보았기 때문이고요. 우리가 알 것은 이 친구의 배움의 방식과 생각입니다. 이 친구는 돈 많이 버는 의사보다는 어려운 사람들을 위해 봉사하는 한국의 슈바이쳐가 되겠고 한국에서 최초로 노벨 의학상을 받고 싶다고 했습니다. 이렇게 말할 수 있는 원천은 바로 아버지의 교육방식이었습니다. 이 친구의 아버지는 의사입니다. 그래서 이 친구는 어렸을 때부터 아버지를 따라 무인도나 농어촌으로 의료봉사를 다니게 되었습니다. 아버지는 말보다는 행동으로 보여주고 가르쳤던 것이죠. 내 뒤를 따라서 의사가 되라고 강요하는 것이 아니라 자연스럽게 배우도록 한 것입니다. 바로 본인이 직접 보여주면서요. 처음엔 아버지를 따라 다니는 것이 좋지는 않았겠죠. 그러나 시간이 거듭될수록 사람들로부터 존경을 받고 사람들이 아버지를 필요로 한다는 사실에 이 친구는 감동을 받았나 봅니다. 그래서 아버지를 존경하게 되고 아버지의 삶을 배우고 자기 자신도 아버지와 같은 삶을 살고 싶다고 얘기하게 된 것이죠.
 Cyber세대에게는 이런 교육방식이어야 합니다. 억지가 아닌 자연스럽게 몸으로 보여주는 교육. 직접 만져보고 느끼는 교육이 이어야 합니다.
 정말 옛날보다 지금이 이런 방식의 교육이 필요합니다.
 '몸으로 가르치니 따르고 입으로 가르치니 반항하네'라는 책제목처럼 몸으로 가르쳐야겠습니다. 나뭇잎하나라도 만져보게 하고 맨발로 흙을 직접 밟아보고 손으로 느껴보는 그런 '살아있는 교육'을 해야겠습니다. 오히려 멀티미디어의 세상에서.
 아이들은 착각하고 있습니다. TV에서 보여주는 세상이 전부이고 사실인 양.
 TV속에서 보여지는 세상이 전부가 아니고 모두 다 사실이 아니라는 것 잘 아시지 않습니까? 그런데 아이들은 이것을 사실처럼 착각하고 있습니다. 그리고 컴퓨터와 인터넷의 영향으로 모든 것을 클릭만 하면 나오는 것으로 착각하고 있습니다.
 이런 아이들에게 지금 중요하고 필요한 것은 우리가 자랄 때보다도 더 인간적인 교육이 필요합니다. 중요한 것은 기계가 아니라 인간이라는 것. 그것도 정과 사랑이라는 것. 세상은 허상이 아니라 실제로 존재하고 만져지는 것이라는 것을 알려주어야겠습니다. 그것도 직접 손을 잡아 이끌어서요. 그래서 나뭇잎도 만져보게 하고 흙장난도 치게 하고 직접 몸으로 느끼게 해야겠습니다.
 요즘 아이들은 보는 것이 아니면 믿지 않습니다. 논리적이지 않으면 믿지 않습니다. 그래서 직접 보여주어야 하고 논리적으로 설명을 해주어야 합니다. 왜냐하면 이들이 즐겨 찾는 매체 속에서는 직접 보여주고 논리적으로 설명해주니까요. 아이들에게 보여주지도 않고 믿게 하거나 단지 어른이라는 이유만으로 따르라고 하면 거부감을 나타냅니다. 심지어 반항합니다. 반항하는 아이들이 모두 잘못된 것은 아닙니다. 그것은 바꿔말하면 살아있다는 증거니까요. 오히려 체제에 순응하는 것보다 훨씬 가능성을 지니고 있습니다. 그 친구는 자기의 생각과 무엇인가 맞지 않는다는 것이고 그것에 대해 거부감을 나타내고 있는 것입니다. 자기 생각과 다르니까요. 지난여름 한달 동안 연수 중에 임시 선생님이 오셨습니다. 그분이 정말 힘들었다고 들었습니다. 그 중에 가장 힘들었던 것은 아이들의 반항기질이었습니다. 왜 반항했을까요. 자기 생각과 다르기 때문입니다. 그전에는 선생님이 분명히 설명하고 따르거나 배우게 했는데, 무조건 따르라고 하니 이상할 수 밖예요.

이제는 아이들에게 억지가 통하지 않습니다. 그래서 점점 시간이 갈수록 가르치는 것이 힘이 드는 것이겠지요. 왜 그렇게 행동해야 하고 왜 그렇게 배워야 하는지 알아야 그렇게 합니다. 매를 들어도 타당한 이유가 있어야 하고 배워도 이유가 있어야 합니다. 이들에게는 자신만의 세계가 이미 들어가 있으니까요.

아이들에게 직접 보여주십시오. 직접 만지게 해주세요. 직접 느끼게 해주세요. 정을 주세요. 기계보다는 사람을 느끼게 해주세요.

가을 깊어지고 있습니다. 아이들과 동네 공원에 나가 가을을 느낄 수 있는 기회를 주셨으면 합니다. 지금은 아무런 느낌이 없을 것 같지만 성장하면서 지금의 직접적이고 살아있는 경험이 아이들의 삶에 중요한 영향을 미칠 것입니다.
 사람은 자신이 살아오면서 받은 사람만큼 또 그만큼의 사랑을 베푼다고 했습니다. 아이들이 기계적인 생각이나 삶보다는 사랑과 정이 가득한 삶과 생각을 지닐 수 있도록 같이 노력하지요.
 점점 사람의 살갗이 고맙고 필요하게 되는 계절이 다가옵니다. 사랑을 하면 감기에 잘 걸리지 않는다고 합니다. 사람의 살갗 냄새를 많이 맡을 수 있는 계절이었으면 합니다.

Y세대 들어보셨습니까?
- 긍정적 사고는 긍정적 삶을 부른다.

　비가 내린 후라서 하늘도 파랗고 나무와 꽃잎의 싱그러움이 더합니다. 장마가 끝난 줄 알았는데 아직 뒷힘이 남아 있나 봅니다.
　비가 갠 후의 날씨는 아무리 기분 나쁜 상태에서 바라보아도 정말 보기가 좋습니다. 묵은 때를 씻어 내고 새롭게 태어나려고 하는 자세를 보여서 그런지 모르겠습니다. 또한 웅장한 힘을 지녔으면서도 수줍은 듯 고개를 숙이고 있는 자연의 겸손함과 그 세찬 비바람을 맞고서도 그렇게 싱그러이 웃어 주는 고마움 때문인지도 모르겠습니다.
　삶을 살아가다 보면 여러 사람들을 만나게 됩니다. 원하든 원하지 않던 간에…….
　그런데 그 만나는 사람들 중에서 만나서 즐겁고 기분이 좋아지는 사람이 있는 가 하면 왠지 싫고 이 자리를 빨리 벗어나고픈 사람이 있습니다. 전자는 인상에서부터 다릅니다. 참 사람을 편안하게 해주는 인상을 지니고 있습니다. 얘기를 하지 않아도 마음이 통할 것 같은 사람 무슨 말을 해도 긍정적으로 받아 주는 사람일 것입니다. 반면 후자는 얼굴부터 인상을 찌푸리고 있습니다. 무엇이 그리도 안되고 불만이 많은지 보는 사람이 다 힘들고 '빨리 이 자리를 피하고 싶다' 라는 생각을 하게 합니다. 본인이 걱정이 되어 좀 긍정적인 답변을 듣고 싶어 마음을 가다듬고 털어놓으면 본인보다 더 난리난 것처럼 야단입니다. 그런 사람은 왠지 만나고 싶지 않은 사람일 것입니다.

Y세대라는 말 들어 보셨습니까?

요즘의 젊은이들을 가리키는 또 다른 신조어입니다. 지난 80년대 말에서 90년초까지 젊은이들을 X세대라고 한다면 90년대 중반 이후의 세대들을 Y세대라고 칭하고 있습니다.

Y세대라는 말이 붙은 것은 'yes'라는 긍정의 표현을 즐겨 사용하며 적극적, 긍정적인 사고를 하기 때문에 이들을 Y세대라 부른다고 합니다.

전에 어느 학술지에서 이 용어를 접하게 되었는데 'Y'세대라는 말이 참 맘에 들더군요. 요즘의 세대들을 나쁘게만 즉, 무질서와 주체성을 상실한 사람으로만 보았는데 새로운 생각을 지닌 젊은이들이 있다는 사실 하나만으로 다행이구나 하는 생각이 들더군요.

무엇보다도 눈길을 끄는 것은 긍정적인 생각을 지니고 살아간다는 것입니다. 아직 대부분의 젊은이들이 N세대의 전형을 지니고 살아가고 있지만 극소수의 사람이라고 할지라도 그런 사람이 있다는 것은 사회의 건강상 반가운 일이지요.

저는 사람을 볼 때 긍정적인 부분을 먼저보고 그 긍정적인 부분을 오래 간직하려 애씁니다. 그래서 가끔은 그것으로 인해 절망도 느끼지만 좋은 일이 더 많더군요. 그리고 결국 나 자신을 긍정적인 생각을 지니도록 도와주는 역할을 하니 나 자신에게 도움을 주는 것이고요.

아이들에게도 사람을 볼 때 나쁜 점보다는 좋은 점을 많이 보고 먼저 살피라고 합니다. 그리고 일을 추진할 때 '해서 좋으냐! 하지 않는 것이 좋으냐!'의 갈등이 생긴다면 긍정적인 부분을 생각하고 일을 추진하라고 합니다. 왜냐하면 언제나 일은 가만히 있으면서 시도를 하지 않는 것보다 실패하더라도 한번 해보는 것이 나으니까요. 인생은 도전하는 자의 몫이라 생각합니다.

한 일화가 있습니다. 언니와 동생이 살고 있었습니다. 언니와 동생의 생각은 너무나 달랐습니다. 언니는 항상 부정적인 생각을 지니고 있고 동생은 언제나 긍정적입니다. 생활도 언니는 항상 모든 일에 짜증을 내고 얼굴을 찡그리고 다니고 동생은 언제나 여유 있는 마음을 가지고 생긋생긋 웃으며 생활합니다.

사람들이 언니에게 전화를 하면 누가 죽었다던가, 성적이 떨어졌다던가, 누가 아프다는 등의 기분 나쁜 이야기 불행한 이야기만 듣습니다. 반면 동생에게 전화를 하거나 이야기를 하면 누가 시험 성적이 올랐다는 이야기, 예쁜 아기가 태어났다는 이야기 누구네 아빠가 사업에 성공했다는 이야기 등 기쁘고 좋은 이야기를 듣습니다. 그래서 친구들은 언니에게보다는 동생에게 전화하기를 좋아합니다. 동생에게 전화를 하면 왠지 모르게 기분이 좋아진다는 것입니다. 결국 언니와 동생의 인생도 그렇게 되었다는 것입니다.

언니는 사람들이 피하게 되고 불행한 삶을 살아가고 있으나 동생 주변에는 항상 사람들이 모여들고 그 동생은 행복한 삶을 살아가고 있다는 것입니다.

그 우화는 이런 말로 끝을 맺었습니다. '지금 당신이 전하려고 하는 소식이 불행한 것이라면 입을 다물고 있는 것이 더 나을 수도 있다. 왜냐하면 입이 간지러운 사람이 다 전해 줄 것이니까?

아이들도 마찬가지입니다. 여유 있고 긍정적인 관점을 지닌 아이는 공부를 못해도 말썽을 부려도 그 행동이 그다지 밉지 않고 여유 있게 다가옵니다. 하지만 평소의 생활 방식이 짜증으로 둘러싸여 있고 항상 부정적인 아이는 그런 행동을 하면 왠지 모르게 미워질 때가 많습니다. 내 자신이 여유가 없을 때는 더욱…….

Y세대는 자기의 삶을 사랑하고 자기의 주어진 조건도 있는 그대로 받아들일 줄 아는 세대입니다.

지금의 젊은 세대들 문제점도 많지만 기성세대들이 지니지 못한 좋은 점도 지니고 있습니다. 자기 자신(국가)의 위치를 긍정적으로 보고 있다는 것입니다.

가끔 외국 여행을 다녀온 선배나 어른을 만나 뵐 때가 있습니다. 그럴 때면 으레 자신의 여행 경험담을 장황하게 늘어놓습니다. 들어간 경비를 거기에서 뽑으려는 것인지……. 저도 거기 까진 받아들입니다. '처음 외국 여행을 다녀온 사람들이니까 얼마나 할 이야기가 많을 거냐고!' 하지만 그 다음이 문제입니다. 외국은 이런 점이 좋더라 까진 좋은데 거기에다 우리나라의 안 좋은 점을 들추어냅니다. 우리나라 사람이 식민지(머슴) 속성을 지녔다는 것을 절감했다던가 한국 사람은 역시 매를 맞아야 한다느니 창피했다는 이야기를 늘어놓습니다. 요즘 한창 문제되고 있는 보신 관광 문제 도요. 하지만 젊은 후배들 친구들의 여행 이야기는 다릅니다. "우리나라도 이런 가능성이 있더라, 역시 우리나라가 좋더라 다음에는 이런 점을 보완해서 다시 가고 싶더라" 등 우리나라와 관련지어서 많은 이야기를 합니다. 그래서 우리나라의 부정적인 관점을 지적만 하지 않고 이렇게 해야겠더라 는 해결책을 제시합니다. 사실 요즘 뉴스에서 한참 문제시되고 있는 보신 관광도 우리나라 관광객만 하는 것이 아닐 것인데 유난히 문제삼는 것은 무슨 이유인지 모르겠습니다. 좀 여유를 가지고 기다려 줄 수는 없는 것인지. 이제 걸음마를 시작해서 그런 여행 행태를 보여주는 것이고 그런 관광을 하는 사람도 극소수인데 마치 모든 국민이 그런 것처럼 온 국민을 이상한 외계인으로 취급하는 그런 멍청한 사람들이 있습니다. 자기 자신도 우리나라 국민이면서 자기는 마치 다른 곳에 살고 있는 사람처럼 너무나 무책임하게 말을 합니다. 누워서 침 뱉는다는 말을 아는 것인지……. 사실은 자신이 식민 사관을 지녔으면서…….

한동안 우리는 우리 것을 얼마나 무시하고 살았습니까? 특이나 예술 분야에선…….

하지만 지금의 젊은 Y세대들은 다릅니다. 제 친구들을 봐도 우리 것에 얼마나 관심들이 많은지 모릅니다. 아이들에게 우리 것을 하나라도 더 가르쳐 주려고 장구와 탈춤도 배우고 우리가 어렸을 때 재미있게 놀았지만 외국의 전자 오락에 밀려 지금은 동네 어귀에서 찾아보기 힘든 전통 놀이도 어디선가 배워 와서 아이들에게 다시 되돌려 주려고 노력합니다. 그런 배우는 과정에서 얼마나 우리 것이 소중한 것인지를 알게 되고 그 소중한 것을 아이들에게 알려주어야겠구나 하는 생각을 더 깊게 합니다. 그런 생각에 더불어 우리 것을 전부터 보존해 왔다면 우리가 이렇게 힘들게 배우지 않을 텐데 그리고 좀더 체계를 갖추었을 텐데 하는 아쉬운 생각을 갖습니다. 정말 배우다 보면 계보를 잃어버린 분야가 많고 가르치는 곳마다 계보가 없어 자기 나름대로 계발한 방법을 가르쳐 주어 혼돈 될 때가 많습니다. 다음 세대들은 우리 것을 천시하지 않고 긍정적으로 바라볼 수 있도록 노력해야겠습니다.

지금의 4학년 이상의 사춘기 아이들에게 긍정적인 관점은 중요한 역할을 합니다. 특이나 성격 형성에 있어서는 지금 사물을 바라보는 관점이 평생을 좌우한다고 할 수 있습니다. 그래서 아이들을 바라보는 부모의 관점도 긍정적이어야 합니다. 대부분의 경우 아이들을 바라보는 부모의 관점이 긍정적일 경우 아이도 긍정적인 행동을 하거나 긍정적인 관점을 지닌 사람으로 자라나고 부정적인 관점으로 아이를 바라볼 경우 아이도 긍정적인 행위보다는 부정적인 행위를 많이 하게 되고 관점도 부정적으로 형성되기 쉽습니다.

얼마 전에 중학생이 야구 방망이로 엄마를 때려 숨지게 한 사건도 사실은 그 학생은 때릴 생각이 없었는데 엄마의 부정적인 부추김으로 시작되었습니다. 그 아이는 평소에 순진하고 착한 학생이었다는 것입니다. 그런데 엄마의 빈번하고 심한 야단에 스트레스를 받고 있었는데 그날 따라 공부에 대한 말을 많이 하고 또 심하게 야단을 쳤다는 것입니다. 그래서 가지고 놀던 야구 방망이를 땅에 때리는 시늉을 했는데 엄마는 설마 때릴 까 싶어 '어 너 그걸로 나를 때리려고, 그래 한 번 때려봐라! 때려봐!' 하니 아이는 자신도 모르게 손이 갔다는 것입니다.

  이 사건에서 우리는 부모들이 함부로 부정적인 판단을 하고 또 그것을 확인시켜 주어서는 안 된다는 것을 배울 수 있습니다. 부모가 제아무리 화가 났다고 해도 자녀들에게 극단적으로 부정적인 어휘를 사용해서는 안되겠습니다. '돈이 아깝다' '나가 없어져라' '그래가지고 뭘 하냐!' 등 수없이 많은 부정적인 말들을 아이들한테 사용합니다. 그러면 그런 것들이 그 당시에는 자녀에게 큰 영향을 미치는 것 같지 않다가도 나중에 그와 유사한 상황이 벌어지면 잠재된 의식세계에서 뛰쳐나와 반항적인 행동을 하거나 집을 뛰쳐나가게 됩니다.

  아이들의 행위에는 부모의 전 행위가 영향을 미치게 됩니다. 아이들이 자신에 대해 긍정적으로 사고하고 행동하게 하려면 자녀에게 긍정적인 경험을 갖도록 하는 것이 중요합니다.

  자라나는 아이들에게 긍정적인 관점을 지니고 살아갈 수 있도록 우리가 긍정적인 관점을 지녀야겠습니다. 모든 사람이 긍정적인 관점을 지니고 살면 잘되고 부정적인 생각을 하고 살면 잘못되진 않겠지요. 하지만 살아가는데 있어서는 부정적인 관점보다는 긍정적인 관점을 지니고 살아가는 것이 좋다는 것입니다.

  '사람의 일은 다 마음먹기 달렸다' 라는 옛말처럼요.

내가 아름다워 보일 때

맹물만 나오는 고장난 자판기 앞에서 '컵이 없습니다.'라는 작은 메모를 써 붙이는 내 모습

붐비는 우체국 창구 앞에서 겨우겨우 작성한 서류 하나가 잘못되어 당황해 하는 할머니께 '제가 다시 써 드릴께요'하며 다가설 때

할머니께서 식사하실 때 옆에 앉아 생선 가시를 발라 할머니의 숟가락 위에 놓아 드릴 때

내가 제일 좋아하는 김밥을 먹다가 남은 마지막 김밥을 언니에게 양보할 때

엄마 생일 선물을 사려고 몰래 아르바이트를 한 후, 왜 늦었냐는 엄마의 물음에 피곤함을 감추며 크게 웃는 내 모습

엄마 등에 업힌 옆자리 아기가 왈칵 토한 것을 말없이 닦아주며 내 옷에 묻은 토사물을 슬며시 가방으로 가릴 때

새벽에 일 나가시는 아버지보다 먼저 일어나 마루에 다 슬며시 박카스 한 병을 놓아 두는 내 모습

아침밥 속에 섞여 나온 돌을 씹고서 아무렇지도 않은 채 더 맛있게 먹어 보이는 내모습

연탄 배달하는 부모님을 부끄러워하지 않고 온통 검정 칠을 한 얼굴로 무거운 연탄 수레를 밀고 있는 내모습

내가 미워 보일 때

목욕탕에서 옆에 앉은 할머니가 혹시나 등밀어 달랠까봐 목욕하는 내내 고개 한 번 돌리지 않을 때

불우이웃돕기 한다고 이천 원을 받아서 천 원만 내고 나머지 천 원으로 군것질했을 때

엄마가 정성 들여 싸 주신 도시락을 다 먹지 않고 반쯤 남긴 채 엄마에게 내어놓을 때

아침 일직 동생의 감기 약을 사러 나가면서 '왜 감기는 걸려서 나를 귀찮게 하누'하고 투덜대는 내모습

오랜만에 친구에게 전화가 와서 반가움을 표시한다는 것이 그만 '웬일이니?'하고 말 해 버렸을 때

시험 못 봤을 때 그렇게 잘 나오던 눈물이 친구 어머니 장례식에서는 한 방울도 흐르지 않을 때

좋은 내용인 것 같아 어느 월간지에서 발췌했습니다.

내가 니꺼야!
난 어디든 갈 수 있어.

    가을이 오고 있습니다. 사람들은 오늘이 입추라고 합니다. 아직은 뜨거운 여름인데 자연은 벌써 가을을 준비합니다. 뜨거운 여름 기운을 바탕으로 다음 생애를 계획하고 준비하는 자연이라는 생각이 듭니다. 그러고 보면 자연이라는 것은 참 신비스럽고 인간이라는 존재가 참 작다는 것을 느끼게 합니다. 자연은 높은 곳에 있을 때 겸손하게 다음을 준비하는 데 우리는 그것에 취해 만끽하기 여념이 없습니다. 서울 공대 이면우 교수는 "상승기에는 '잘 된다'만 생각하며 그것만을 바라볼 것이 아니라 다음을 준비하고 계획해야 한다"라는 이야기를 했습니다. 우리는 자연에서 배울 것이 많습니다. 자연이 가장 뜨거울 때 다음 계절인 가을을 준비하듯이 우리도 가장 높이 있을 때 다음을 준비하는 것이 어떻겠습니까?

    요즘 광고에도 나오며 신세대 사이에서 유행하는 말이있습니다. "내가 니꺼야! 난 어디든 갈 수 있어! 사랑은 움직이는거야!"

    참 재미있는 말입니다. 요즘 세대의 생각이나 행동 그리고 감정을 그대로 드러낸 말입니다. 어떤 것에든 구속되기를 싫어하는 이들이기에 가장 흡수력이 있고 결속력이 있는 사랑까지도 이들은 구속이라고 생각하고 있습니다.

그런데 더 놀라운 것은 그것을 대중매체에서 은근히 부추기거나 되려 주도하고 있다는 것입니다. 광고에서 프로그램에서…….

오늘 신세대 미팅 프로의 대표적인 예라 할 수 있는 '접속 해피타임'을 보게되었습니다. 10여명의 남녀가 나와 서로의 파트너를 찾는 프로그램입니다. 게임 형식을 통해 서로의 흥미와 감정을 이야기하고 파트너를 결정합니다. 그런데 이 새로운 프로그램의 특징은 기존의 프로그램과는 정말로 다른 요즘말로 엽기적인 내용으로 구성되어있습니다. 서로 마음에 들어야 파트너가 되는 것은 기존의 미팅프로그램과 비슷한데 기존 짝 찾기 프로(기성세대)가 서로 마음이 맞지 않으면 그것으로 끝나지만 '접속 해피타임'에서는 패자부활전이라는 것이 있어서 상대방으로부터 거절당한 남자 혹은 여자가 다시 짝을 찾을 수 있는 기회가 주어진다는 것입니다.

그런데 한심하기 짝이 없는 상황이 벌어집니다. 딱지 맞은 사람이 커플이 되지 못한 나머지 사람에게서 찾는 것이 아니라 이미 서로 짝이 되어 있는 커플에게 가서 프로포즈랍시고 장미꽃을 내밀며 이미 정해진 짝 중 한사람을 뺏으려고 시도합니다. 그러면 보통은 옆에 있는 사람을 생각하며 거절하여야 하는 데 이들은 서슴지 않고 받거나 또 갈등하고 주저하는 모습이 역력합니다. 그러면 커플 중 원래부터 옆에 있는 한 사람(여자)은 당황합니다.

자기 짝을 뺏길까봐 안절부절못하고 프로포즈 해오는 여자에게 할 말 안 할말 다하고 정말 눈뜨고는 못 봐 줄 신경전이 오갑니다. 사실 상대방은 얼마나 황당하겠습니까? 서로 이야기를 통해 교감을 형성하여 이미 짝이 되었는데 낯선 사람이 와서 자기와 짝이 되 줄 것을 요구하고 꽃을 받은 사람은 또 배신합니다. 이것은 컴퓨터 게임 속에나 나오는 상황이 아닙니다. 더 어이없는 상황이 이어집니다. 이미 짝이었던 사람이 다시 짝을 뺏기게 되면 또 일어나서 다른 팀에게 복수라고 볼 수 있는 프로포즈를 합니다. 그래도 양심이 있거나 생각이 있는 젊은이 같은 경우 차라리 지저분한 짓을 하는 것 보다는 자신이 아프고 말겠다고 포기합니다. 저는 그것을 보면서 '너 참 잘했다.' 하고 있는데 방송(MC)은 그 여성을 가만 두지 않습니다. 사랑은 쟁취하는 것이라며 다른 팀에게 가서 마음에 드는 사람을 골라 프로포즈할 것을 부추깁니다. 그러면 그 여성은 마지못해 장미꽃을 들고 일어서지요. '사랑은 쟁취하는 것이라는데……'라고 되새기며…….
　또 어떤 경우 이미 정해진 커플의 짝에게 프로포즈를 해서 거절당했을 때는 그 여자는 이런 말로 자기 분풀이를 합니다. "반드시 후회할 것이다." 안됐으면 깨끗하게 물러 설컷이지 젊은이 답지 못한 행동을 보이는 사람들입니다. 정말 보면서 허허 소리밖에 안 나오더군요. 이것은 아이들이 전자오락에서나 하는 게임속 이야기가 아닙니다. 이 프로에서는 순간의 감정이나 말장난으로 자기 짝을 찾습니다. 정말 이런 거지같은 프로그램이 있습니까? PD나 작가 좀 보고싶습니다. 그들의 애정관이라는 것이 어떤 것인지. 이

거는 '밀림의 세계'나 '동물의 세계'를 다루는 프로그램도 아니고 말이죠.

정말 남녀사이에 가장 중요한 것은 사랑이고 그 사랑은 믿음에서 비롯됩니다.

두 사람이 이야기와 서로의 교감을 통해 짝이 되었는데 그것을 일순간에 무너트리고 배신을 하다니요. 더구나 방송에서는 오히려 앞장서고 은근히 부추기고 말이나 됩니까?

아무리 요즘 소위 말하는 필(feel)이 중요하다지만 한 순간의 선택으로 일생을 정할 수 있을까요. 서로의 믿음도 없이 순간의 기분만으로 서로에게 가장 중요한 사람을 찾다니요. 방송이라는 것이 무엇인지 모르겠습니다. 이상한 방향으로 보편화를 시킵니다.

지금 아이들 참 자기 감정에 솔직합니다. 자신이 불편한 것 불만 있는 것 기쁜 것 등을 잘 표현합니다. 단지 서툴다뿐이지. 그런데 문제는 너무 감정에만 치우쳐 있다는 것인데 뭔가 조절할 수 있는 이성을 길러주어야겠습니다.

조절할 수 있는 이성이 없어 텔레비전에 나오는 것처럼 순간적인 감정에 휘말려서 무 자르듯이 자르고 감정이 바뀌면 철새처럼 메뚜기처럼 금방 다른 대로 이동합니다. 정말 감정을 잘 표현하고 갈무리할 수 있는 지도가 필요할 때입니다. 자기 감정을 잘 다스리려면 이성이 필요합니다. 그런데 그 이성이라는 것은 어디에서 나올까요. 학습 아니겠습니까? 그럼에도 불구하고 지금은 어찌된 일인지 이 학습에 대한 중요성을 간과하고 있습니다. 무조건적으로 특성과 감성(EQ)지수만을 키우라고 여기저기서 떠들어 됩니다.

그러나 감성이라는 것은 그냥 길러지지 않습니다. 그리고 감성만 지니고 있고 감성만을 잔뜩 키워놓으면 무엇에 쓰겠습니까? 어느 것이 좋고 그른지에 대한 판단기준인 이성이 없는데.

특성을 길러내고 감성을 활성화시키기 위해서는 그 기초인 이성과 어느 정도의 학습력이 뒷받침되어야 감성도 클 수 있습니다. "인생이란 선택이다."라는 말도 있듯이 참 선택할 것이 많은데 감성만을 강조하다보면 순간적인 선택으로 인해 후회하는 일이 많을 것입니다. 감성을 키우는 교육만큼 그것을 잘 활용할 수 있는 능력도 키워야겠지요.

지금 아이들 공부하느라 불쌍하다고 하는데 정말 그들이 자신의 할 일을 하고 그런 대접을 받는지 모르겠습니다. 고등학생이 분수의 덧셈 뺄셈 계산도 틀리거나 어려워한다면 믿으시겠습니까? 요즘 그런 고등학생들 많습니다. 텔레비전 토크쇼에 한 고교생 가수가 나와서 신사임당의 목소리를 흉내낸다고 하더니 "석봉아, 글을 쓰거라! 나는 떡을 썰마!"라고 이야기하더군요. 그래서 거기 나온 사람들은 내용이 웃겨서라기보다는 그 한심한 상식에 박장대소를 하더군요. 그러자 그 교교생 가수는 자신이 잘못되었다는 것을 눈치채고 신속히 말을 바꿉니다. "율곡아! 너는 글을 쓰거라 나는 떡을 썰테니!" 이것은 웃길려고 했던 것이 아니라 성대모사를 하기 위해서였는데 웃음바다가 되어버렸습니다. 정말 어이가 없어서…….

그리고 요즘 고교생들이 쓰는 단어들도 얼마나 유아적이고 단순한지 고등학생이 맞나 하는 의심이 들 정도입니다. 간단한 사자성

어나 학술용어도 모르는 학생들도 많습니다. 지금 고등학생이 그렇습니다. 텔레비전에서 지나가는 학생들을 붙잡고 인터뷰하는 장면에서도 알 수 있습니다. 그들이 쓰는 언어는 배웠다고는 볼 수 없는 독설과 한심할 정도의 어휘력을 지니고 있습니다.

그동안 아이들의 학습이나 이성교육에 비해 감성교육이 등한시 되어온 것은 사실입니다. 얼마나 감성에 목말랐으면 한때 감성교육에 대한 책과 프로그램이 홍수를 이뤘겠습니까! 그러나 감성교육이 없었다고 갑자기 이성은 모두 접어두고서 감성만을 강조한다면 아무리 사람이라 할지라도 기울어지는 이치는 뻔한 것 아닙니까? 감성이라는 것은 마음속에서 느끼는 정서적인 안정이지 순간적으로 스치는 직감이 아닙니다. 그런데 순간적이 감정인 양 착각하고 교육하고 배우는 사람들이 있습니다.

아이들에게 감성교육만큼 이성교육도 중요합니다. 특히 그 학생이 올바른 감성을 택하기 위해서는 이성이 밑바탕에 있어야겠지요.

그리고 사람사이에서 중요한 것은 믿음이고 신뢰입니다. 그것이 깨진다면 사람이라는 의미가 없겠죠. 동물과 무엇이 다르겠습니까? 정말 문제는 이제 그 동물적인 감정이 너무나 일반화되고 있다는 것입니다. 아닌게 아니라 몇 주 후에 그 프로그램을 다시 보았더니 그 선택을 다들 아무렇지도 않게 받아들이고 있더군요.

선택은 감성이 아니라 이성입니다. 제발 사랑이나 인간의 관계를 기계처럼 마음에 안 든다고 순간적인 감정으로 함부로 바꾸고 선택하는 그런 행위는 없어야겠습니다.

내가 가는 이길!
-늘 처음처럼-

　내가 사는 이곳은 아침이 참 예쁘다. 창가에 앉아 아침해를 볼 수 있고 햇빛이 스며들면 새로운 아침을 맞이할 수 있기 때문이다. 또 해가 들지 않는 날은 자욱한 안개가 아침을 엷게 채색한다.
　지금 생각해보지만 시골에서 태어나서 자란 것이 참 잘된 일이라고 생각된다. 도시에서 자랐다면 이런 아침의 풍경을 느낄 수 있을까? 이 아침 풍경을 보고도 가슴속 깊이 좋음을 표현하지 못할 것이다. 요즘 속담으로 '고기도 먹어본 사람이 잘 먹는다.'고 풍경과 정경도 한 번이라도 느껴본 사람이 더 잘 느낄 것이다.
　그런데 이제야 기억나고 이제야 그때의 맛을 아는 것은 무엇일까? 정이라는 것 정감이라는 것은 그런가보다. 세월이 흐른 뒤 늦게야 나타나는 것이리라. 그때는 정말 모른다. 그 사람과 그곳의 '정'을……
　나의 시골은 지금 기억으로 참 예뻤다. 특히 봄이. 가만히 들여다보고 있으면 땅속에서 파랗고 연한 새잎들이 흙을 밀어내고 쏘옥 올라온다. 참 예쁘다. 가만히 쭈그려 앉아 그 모양, 모습을 바라보고 있으면 신비감을 느낀다. 3월이 되었다는 것이다. 나는 이 때 가장 기분이 좋았던 것 같다. 그래서 내가 봄을 좋아하나 보다.
  그 이후 내가 가는 길은 여러 차례 변해왔다.
  초등학교 시절을 시골에서 보냈다. 그 때는 왜 그리 그 곳이 싫었는지 모르겠다. 답답했었다. 그래서 길을 바꿔 서울로 올라오게 되었고 서울에서 중학교와 고등학교를 다녔다. 그리고 교대에 입학하게 되어 선생이 되었고 기대감으로 날마다 학교에 출근하는 길이 즐거웠다. '오늘은 아이들에게 어떤 행복을 나눠줄까?' 이 생각으로 하루가 즐거웠다. 그래서 그 때 다짐했다. 아침에 세수를 하고 찬바람을 쐬는 그 상쾌함으로 더 열심히 하겠다는 다짐을 지니며 평생을 이런 마음을 지니고 살자고……. '늘 처음처럼' 말이다. 처음이라는 것은 참 사람을 설레게 한다. 그 기분을 느껴보았는가? 아직도 그 설렘을 느껴보지 못하거나 기억하지 못 한다면 참 불행한 것이다.
  처음으로 어머니 손을 잡고 초등학교에 입학했을 때 친구들과 선생님을 만났던 그 설레임, 처음으로 서울이라는 곳에 왔을 때 낯설면서도 이곳에서 내가 살아야 한다는 다짐 섞인 설렘, 대학에서 처음으로 미팅을 했을 때, 그리고 교직에 첫 발을 딛었을 때 그 설렘을 기억한다.
  그런데 사람들은 그 처음 마음을 오래 간직하지 못한다. 그 순수함을 창피하게 생각한다. 뭔지 부족하고 어색하고 낯설고 하는 그 기분이 싫은가 보다.
  새로운 둥지에서 날개를 펴고 날아오르는 작은 새처럼 잘 해보겠다는 마음가짐, 열심히 해보겠다는 마음이 왜 창피한가? 나는 그 설렘이 있는 사람들이 부럽다.

언젠가? 초임 교사로서 아이들과 같이 호흡하려 부단히도 노력할 쯤. 옆 반의 중견 교사 한 분이 그런 말로 나의 기를 꺾어 놓았다. 처음엔 다 그렇게 열심히 해. 나도 그랬어. 근데 지금은 안 그래. 좀 어리석기도 하고 손해보는 것 같잖아. 후배도 얼마 안가서 나같이 될 거야. 참 미웠다. 잘한다고 열심히 해보라고 위로와 격려는 못해줄 망정 그렇게 사람의 기를 꺾어 놓았다. 그때는 그랬다. 불과 5년 전 만해도 옆 반에서 열심히 아이들을 챙기면 그렇게 미워했고 시기했다. 누구는 그렇게 할 줄 몰라서 안 하냐고!······

근데 7년이 된 지금 후배의 좌충우돌하는 모습이 너무나 예쁘다. 완벽하지 않지만 무엇인가 열심이고 신선한 발상을 하고 아이들과 같이 호흡하려하기 때문이다. 이제는 다른 선생님들도 그 후배를 그렇게 봐줄 것이다. 참 많이 달라졌다. 좋은 분위기 아닌가! 아이들도 그 후배 교사의 마음을 다 안다. 우리 선생님이 얼마나 노력하시려고 하는지. 그 선생님의 경우 어른도 감당하기 힘든 질책과 벌을 가함에도 아이들은 그 선생님을 따른다. 왜냐하면 우리 선생님이 다 자신을 위해서 하는 행동이라는 것을 알기 때문에 아무리 야단을 쳐도 자기네 선생이 제일 좋다고 한다. 그 만큼 아이들은 순수하다. 아마도 중고생이었다면 벌써 112순찰차가 몇 번을 왔다 갔을 거다.

젊다는 것은 순수함을 말한다. 며칠 전에 머리를 깎으러 미장원에 갔을 때 초임자가 뒤 마무리를 해주었다. 바라만 보고 있어도 흐뭇해졌다. 나이를 먹었다는 것일까? 아니다. 열심히 머리를 털어 주고 감아주고 바닥을 쓸고 닦고 하는 모습이 너무 예뻐 보였으리라. 그래서 주인에게 한마디 거들었다. 저 사람 잘 키워주라고. 참 보기 좋다고…….

우리는 그 청년과 같은 처음 마음을 왜 잊어버릴까? 그 처음을 느끼려면 삶의 작은 움직임에도 늘 전율을 느낄 줄 알아야 한다.

처음은 서툼이 아니라 준비이고 설레임이있는 출발이다.

발령 받고 2~3년차 때에는 아이들과의 생활이 너무 재미있었다. 불어오는 바람에도 전율을 느끼며 학교에 출근했다. 그리고선 아이들에게 바로 이야기했다. "선생님은 오늘 출근길에 바람을 맞고(쐬고) 오는데 전율(소름)을 느꼈다. 사람이 하루하루 전율을 느끼며 산다면 평생을 늙지 않고 살 수 있을 거다. 너희들도 그렇게 해보지 않으련." 지금은 모르는 사람에게 이 이야기를 하면 웃을 거다. 그런데 그 때 아이들은 한 사람도 웃지 않았다. 내 마음을 알았다는 것 일거다. 이 글을 쓰는 지금도 그 때의 일이 생각나 다시 전율을 느낀다. 짜릿함 말이다. 그래서 그 해는 유난히 밖으로 많이 나갔다. 지금은 그렇게 어렵지 않지만 그때는 모험을 걸어야 했다. 위에서 싫어했으니까? 아침에 오다 벚꽃이 예쁘면 벚꽃의 향기를 맡아보자고 밖으로 나갔다. 흙 냄새가 그리우면 흙장난을 치러 밖으로 나갔다. 도심에 사는 아이들이기 때문에 더 자연을 알아야 한다고 생각했다. 난 그때 생각했다. 이런 것이 살아 있는 교육이 아니겠냐고... 그 초심을 잊지 않기 위해 지금도 그렇게 해 보지만 잘 안 된다. 걱정되는 게 더 많고 조심스러운 것이 더 많다. 그때는 작은 풀꽃 하나에도 아이들과 같이 전율을 느꼈는데 지금은 토요일 아침마다 하는 들 산책에서 위로를 삼는다. 거기에서 잠깐씩 처음 같은 마음을 갖는다. 아이들에게 꽃시계를 해주면서 풀꽃들의 이름을 찾아보면서 주일마다 달라지는 주변을 보면서 아이들에게 전율을 느끼도록 한다. 그러나 그 때의 마음이 안 드는 것이 안타깝다. 내가 그러면 아이들도 그럴 텐데……

 난 그러고 싶다. 늘 처음처럼 살고 싶다. 숙련되고 세련된 마음보다는 처음 마음이 왠지 순수해 보이고 예뻐 보이기 때문이다. 아이들도 그 것을 더 좋아하는 듯 하다. 그래서 3년 전부터 발행하고 있는 우리 반 학급신문의 이름도 늘 처음처럼 이다. 정말 이 말처럼 처음의 마음을 갖고 살았으면 한다. 요즘 정치인들이 초심으로 돌아가자고 말을 자주 하는데 그것은 초심이 아니다. 초심은 아무런 욕심이 없는 설레임, 잘해보겠다는 의지 그 자체이다.

 시골에서 세수를 막 끝내고 그 싸한 바람 끝을 맞아본 적이 있는가? 첫 출근할 때의 기분을 기억하는가? 처음으로 이성을 만나기 직전의 설레임을 기억하는가? 우리 모두 가끔 그 처음의 마음을 기억하고 삶을 살자. 그리고 그런 눈으로 그런 마음으로 아이들을 바라보자.

 그리고 삶이 힘들어질 때 그 처음을 기억하자. 새순이 올라오고, 매미가 6년 동안 애벌레의 허물을 벗고 처음 날개 짓을 할 때, 작은 새가 둥지를 박차고 하늘을 처음 날아오를 때의 기분, 그리고 처음 아침 공기를 쐴 때의 그 기분과 마음을 기억하고 간직하며 살자. 그래도 가끔은……